中國新三板掛牌金融機構
成長性研究

郭靜林 著

崧燁文化

前　言

　　中國的新三板市場從2006年的代辦股份轉讓系統發展至現今擴容后的全國中小企業股份轉讓系統，已形成中國場外證券交易市場的主導市場，成為主要服務於「創新型、創業型、成長型」中小微企業實現產融對接、資本投入和退出的主要平臺。而進入2016年，中國關於完善新三板市場的各類相關政策加速推出，為其高速發展創造了更多良好的條件，是新三板市場成為中國多層次資本市場建設之中不可或缺的重要環節。

　　新三板市場對企業的財務指標等不設嚴格限制，對所屬行業也沒有要求，這種巨大的包容性極大地鼓勵了各式各樣的企業謀求登陸新三板。其中最能引起人們興趣的話題，便是近幾年金融機構在新三板市場中頻頻登陸、急速擴張其流通股份以及部分掛牌金融機構做市價格的強勢波動和嘗試舉牌二級市場等資本運作活動。截至2016年1月底，在新三板中掛牌的金融機構已有130家，涵蓋了保險公司、券商、私募股權機構、小貸公司、中小銀行、信託公司、互聯網金融機構等各類金融機構。相較於其他掛牌企業，金融類企業對於新三板的發展最為敏感，也最為瞭解，甚至其日常業務也與新三板有很強的關聯性。它們不僅是市場的融資者，也是市場投融資業務的組織者。掛牌金融機構在新三板市場中的活躍舉動，增添了新三板市場

的流動性，提高了股票交易的活躍性，豐富了新三板市場的行業版圖，但同時，也給新三板市場帶了更多的風險，以及給新三板市場監管帶了更大挑戰。本書通過對在新三板掛牌的所有金融機構進行分類數據採集與分析，從財務與非財務因素兩方面構建成長性評價指標體系，並採用綜合評價的方法對樣本數據進行預測，最終形成在新三板掛牌的各類金融機構成長性預測結論，以及對中小型掛牌金融機構提出風險預警與發展建議。

  本書共分為六章，第1章是對新三板市場的發展現狀及其掛牌金融機構的規模、行業細分、股票發行與交易等現狀進行概述；第2章主要是從層次分析法、突變級數法、灰色關聯度分析法、因子分析法等國內外常用於企業成長性分析的方法中進行對比篩選，並最終基於因子分析法，構建適用於新三板各類掛牌金融機構的評價指標體系和評價模型，從而形成專門針對金融機構成長性研究的評價方法；第3~6章主要是以全國中小企業股份轉讓系統對掛牌金融機構的二級分類方式，逐一分析論述並採用數據實證分析銀行類、證券期貨類、保險類、其他類掛牌金融機構的綜合成長性，並對各類金融機構提出發展建議。

郭靜林

目　錄

1　新三板及其掛牌金融機構現狀 / 1

1.1　新三板市場的發展現狀 / 1

1.1.1　新三板市場的起源與發展 / 1

1.1.2　新三板市場在中國多層次資本市場中的定位 / 11

1.1.3　新三板市場指數運行現狀 / 13

1.1.4　新三板市場與英美三板市場的差異 / 15

1.2　金融機構在新三板市場的掛牌現狀 / 20

1.2.1　金融機構在新三板市場中的特殊性 / 21

1.2.2　金融機構掛牌新三板的意義 / 23

1.2.3　掛牌金融機構的規模發展狀況 / 27

1.2.4　掛牌金融機構的行業細分狀況 / 28

1.3　新三板掛牌金融機構股票發行現狀 / 29

1.3.1　新三板股票發行相關概念 / 29

1.3.2　掛牌金融機構股本現狀 / 30

1.4　新三板掛牌金融機構股票交易現狀 / 31

　　1.4.1　做市轉讓交易現狀 / 31

　　1.4.2　協議轉讓交易現狀 / 34

2　金融機構成長性評價方法 / 37

2.1　金融機構成長性研究的理論基礎 / 37

　　2.1.1　企業內生成長理論 / 38

　　2.1.2　中小金融機構發展理論的相關研究 / 41

2.2　金融機構成長性評價方法的對比與選擇 / 45

　　2.2.1　成長性評價方法概述 / 45

　　2.2.2　成長性評價方法的優劣勢對比 / 49

　　2.2.3　掛牌金融機構成長性評價方法的選擇 / 52

2.3　金融機構成長性評價方法的設計 / 53

　　2.3.1　金融機構成長性指標體系的構建 / 53

　　2.3.2　基於因子分析的金融機構成長性評價方法 / 61

3　銀行類掛牌金融機構的成長性 / 68

3.1　銀行類掛牌金融機構概況 / 68

　　3.1.1　掛牌銀行及信用合作社 / 68

　　3.1.2　掛牌金融租賃公司 / 71

　　3.1.3　掛牌擔保公司 / 74

   3.1.4 掛牌貸款公司 / 77

3.2 銀行類掛牌金融機構成長性指標對比分析 / 80

   3.2.1 掛牌銀行類機構的規模對比 / 80

   3.2.2 掛牌銀行類機構的盈利能力對比 / 84

   3.2.3 掛牌銀行類機構的成長潛力對比 / 88

   3.2.4 掛牌銀行類機構的安全性對比 / 92

3.3 基於因子分析的成長性評分 / 95

   3.3.1 因子分析及其得分函數構建 / 96

   3.3.2 掛牌銀行類機構的因子得分和綜合評分 / 100

3.4 銀行類掛牌金融機構成長性綜合評價 / 103

4 證券期貨類掛牌金融機構的成長性 / 105

4.1 證券期貨類掛牌金融機構概況 / 105

   4.1.1 掛牌私募基金公司 / 105

   4.1.2 掛牌證券公司 / 110

   4.1.3 掛牌期貨公司 / 112

   4.1.4 掛牌投資諮詢公司 / 114

4.2 證券期貨類掛牌金融機構成長性指標對比分析 / 116

   4.2.1 掛牌證券期貨類機構的規模對比 / 116

   4.2.2 掛牌證券期貨類機構的盈利能力對比 / 118

   4.2.3 掛牌證券期貨類機構的成長潛力對比 / 121

4.2.4 掛牌證券期貨類機構的安全性對比 / 123

4.3 基於因子分析的成長性評分 / 126

4.3.1 因子分析及其得分函數構建 / 126

4.3.2 掛牌證券期貨類機構的因子得分和綜合評分 / 131

4.4 證券期貨類掛牌金融機構成長性綜合評價 / 132

5 保險類掛牌金融機構的成長性 / 134

5.1 保險類掛牌金融機構概況 / 134

5.1.1 掛牌保險公司 / 134

5.1.2 掛牌保險代理公司 / 135

5.1.3 掛牌保險公估機構 / 139

5.1.4 掛牌保理機構 / 141

5.2 保險類掛牌金融機構成長性指標對比分析 / 142

5.2.1 掛牌保險類機構的規模對比 / 142

5.2.2 掛牌保險類機構的盈利能力對比 / 144

5.2.3 掛牌保險類機構的成長潛力對比 / 145

5.2.4 掛牌保險類機構的安全性對比 / 146

5.3 基於因子分析的成長性評分 / 148

5.3.1 因子分析及其得分函數構建 / 148

5.3.2 掛牌保險類機構的因子得分和綜合評分 / 153

5.4 保險類掛牌金融機構成長性綜合評價 / 153

6 其他類掛牌金融機構的成長性 / 155

6.1 其他類掛牌金融機構概況 / 155

6.1.1 掛牌綜合性投資管理機構 / 155

6.1.2 掛牌管理諮詢策劃機構 / 159

6.1.3 掛牌金融服務外包企業 / 162

6.1.4 掛牌貨幣兌換公司 / 164

6.2 其他類掛牌金融機構成長性指標對比分析 / 166

6.2.1 其他類掛牌金融機構的規模對比 / 166

6.2.2 其他類掛牌金融機構的盈利能力對比 / 167

6.2.3 其他類掛牌金融機構的成長潛力對比 / 169

6.2.4 其他類掛牌金融機構的安全性對比 / 170

6.3 基於因子分析的成長性評分 / 172

6.3.1 因子分析及其得分函數構建 / 172

6.3.2 其他類掛牌金融機構的因子得分和綜合評分 / 177

6.4 其他類掛牌金融機構成長性綜合評價 / 178

參考文獻 / 180

1 新三板及其掛牌金融機構現狀

1.1 新三板市場的發展現狀

1.1.1 新三板市場的起源與發展

1.1.1.1 「舊三板」與「新三板」

三板市場起源於2001年證監會批准設立的代辦股份轉讓系統。該系統平臺以證券公司與相關當事人的契約為基礎，依託證券交易所、中央登記公司的技術系統以及證券公司自有或租用的服務網路設施，為非上市公司提供股份轉讓服務業務。代辦股份轉讓系統的設立，最初是為了解決原STAQ[①]、

[①] STAQ系統，全稱為「全國證券交易自動報價系統」（Securities Trading Automated Quotation System），於1990年12月5日正式開始運行，是一個基於計算機網路進行有價證券交易的綜合性場外交易市場。1999年9月9日，為整合中國證券市場多頭管理，以及防範亞洲金融危機，國家將STAQ網路關閉。

NET① 系統流通股的轉讓問題。因此，在 2001 年 6 月經中國證監會批准，中國證券業協會發布《證券公司代辦股份轉讓服務業務試點辦法》，代辦股份轉讓工作正式啟動，同年 7 月中國第一家股份轉讓公司掛牌。在此之後，為了解決退市公司股份轉讓問題，自 2002 年 8 月 29 日起，中國又將退市公司納入代辦股份轉讓試點範圍。自此，一個以處理歷史遺留法人股問題以及主板市場退市企業股份流通問題為主的三板市場便逐步形成，俗稱「舊三板」市場。

代辦股份轉讓系統運轉以來，為適應中國多層次資本市場的發展需要，開始承接並試圖解決更多的主板市場無法解決的股份流轉問題。2006 年，根據國務院的決定，中關村科技園區非上市股份公司進入證券公司代辦股份轉讓系統，進行股份轉讓試點。該試點啟動之後，標誌著之前的舊三板市場被轉換成為一個全新的市場。它不同於滬深主板市場、中小企業板以及創業板等場內證券市場的運作模式，也不同於僅限於解決兩網公司和退市公司的舊三板，同時在股份轉讓模式上又接近於一些券商提供的股權轉讓服務。因此，為區別於原來的舊三板市場，社會各界把納入中關村科技園區非上市公司股份的代辦轉讓系統稱為「新三板」市場。

1.1.1.2 新三板市場的完善與擴容

2010 年 4 月，中國證監會成立國家高新技術產業開發區非上市公司股份轉讓試點暨場外市場建設籌備工作領導小組及其

---

① NET 系統，全稱為「全國電子交易系統」（National Exchange and Trading System），於 1993 年 4 月 28 日批准運行。該系統利用覆蓋全國 100 多個城市的衛星數據通信網路連接起來的計算機網路系統，為證券市場提供證券的集中交易及報價、清算、交割、登記、託管、諮詢等服務。1999 年 9 月 9 日，為整合中國證券市場多頭管理，防範亞洲金融危機，國家將其與 STAQ 系統一同停止運行。

工作機構，目的在於以新三板市場為核心，探索建立一個完善的場外證券市場。直至 2011 年 3 月，國務院發布《中華人民共和國國民經濟和社會發展第十二個五年規劃綱要》，提出了「擴大代辦股份轉讓系統試點，加快發展場外交易市場」，標誌著中國正式開始以新三板市場為依託，開始建立具備全國性質的統一的場外交易市場。2012 年 3 月，中國證監會全國場外市場籌備組成立；同年 5 月，籌備組工作團隊組建完成；7 月，國務院同意擴大非上市股份公司股份轉讓試點，在中關村園區基礎上，新增上海張江、武漢東湖、天津濱海高新區進入試點範圍，並同意設立全國中小企業股份轉讓系統，組建營運管理機構。2012 年 9 月 7 日，擴大非上市股份公司股份轉讓試點合作備忘錄簽署暨首批企業掛牌儀式在京舉行；同月 20 日，全國中小企業股份轉讓系統有限責任公司在國家工商總局完成登記註冊，並於 2013 年年初舉行了全國中小企業股份轉讓系統揭牌儀式。自此，一個定位於非上市股份公司股票公開轉讓和發行融資的市場平臺正式成立並揭牌，為公司提供股票交易、發行融資、併購重組等相關服務，為市場參與人提供信息、技術和培訓服務。隨後全國中小企業股份轉讓系統的業務規則試行發布，首批企業在系統中掛牌。2013 年 12 月 13 日，國務院發布了《關於全國中小企業股份轉讓系統有關問題的決定》，提出「更好地發揮金融對經濟結構調整和轉型升級的支持作用」以及「進一步拓展民間投資渠道，緩解中小微企業融資難的困境」，並對股轉系統的發展戰略做出了具體的指引和規劃，這標誌著新三板正式在全國範圍內擴容。

　　正式擴容后的新三板市場（即「全國股轉系統市場」）與交易所市場在法律地位上無區別，主要區別在於服務對象、交易制度和投資者適當管理制度三方面。

　　服務對象方面：新三板市場主要為創新型、創業型和成長

型中小微企業提供資本市場服務，而交易所市場主要服務於成熟企業。

交易制度方面：新三板市場設計了優化的協議轉讓、做市轉讓及競價轉讓等靈活多樣的方式，交易所市場主要提供競價轉讓和大宗交易協議轉讓等標準化的方式。

投資者准入方面：新三板市場實行比交易所市場更為嚴格的投資者適當性管理制度。

全國範圍擴容后，新三板市場掛牌企業數量得以大幅提升。如圖1-1所示，新三板市場成立之初，掛牌企業僅有6家，在隨後五年的探索與發展過程中（2007—2001年），掛牌企業數量以逐年降低的速度緩慢上升，從最初的6家發展到96家的規模，直至正式擴容的前兩年（2012—2013年），掛牌企業數量迅速攀升，發展到300家以上；而在2013年年底中國宣布新三板正式在全國範圍內擴容之后，僅僅兩年時間（2014—2015年），掛牌企業數量以年均近3倍的速度增長，截至2015年12月31日，新三板市場掛牌企業規模已達5,129家，遠遠超過滬深A股上市企業總數。

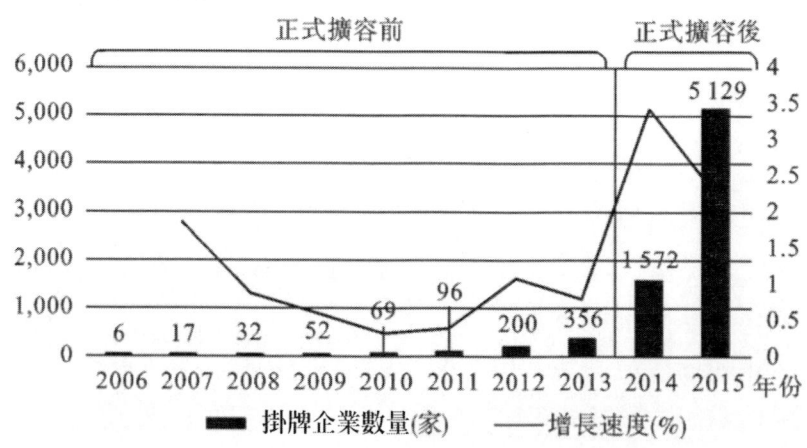

圖1-1　新三板正式擴容前后掛牌企業數量一覽

（數據來源：全國中小企業股份轉讓系統 www.neeq.cc）

1.1.1.3　新三板市場的發展特徵

國務院頒布的《關於全國中小企業股份轉讓系統有關問題的決定》（以下簡稱《決定》）中對新三板市場做出了具體的定位和發展戰略后，中國證監會深入貫徹落實《決定》的部署，穩步推進新三板市場的建設。近三年來，新三板市場掛牌公司數量快速增長、融資規模持續擴大，對促進中小微企業發展以及完善直接融資體系發揮了積極作用。從成立至今，新三板作為一個成長性極高的場外證券市場，在各種機遇和風險並存的局面下擁有獨有的發展特徵。

（1）市場範圍的擴大化

在新三板成立之初，其市場範圍僅僅包含中關村科技園區非上市股份公司以及兩網和退市企業，而從新三板擴大試點開始至其在全國範圍正式擴容后，其市場服務對象在短短幾年時間擴大到了全國各地的中小微企業，其服務對象的所屬行業也從最初的高新科技行業擴展到了金融、製造、零售、房地產、農林牧漁等各行各業，並且各地區、各行業的掛牌企業數量均有大幅提升。從圖1-2掛牌企業行業分佈特徵來看，擴容后的新三板市場掛牌的企業來自於18個行業，幾乎覆蓋了三大產業中各類細分行業，其中2015年后又新增了房地產行業的企業掛牌，並且批發零售業、租賃和商務服務業以及金融業所涉及的掛牌企業數量擴大速度位居所有行業之首。從圖1-3掛牌企業地域分佈特徵可見，除了未涉及港澳臺地區的企業，新三板市場所覆蓋地域已包括全國其他31個省市自治區和直轄市。雖然地區分佈不均衡，掛牌企業集中於沿海發達地區，但也已基本形成全國性市場。

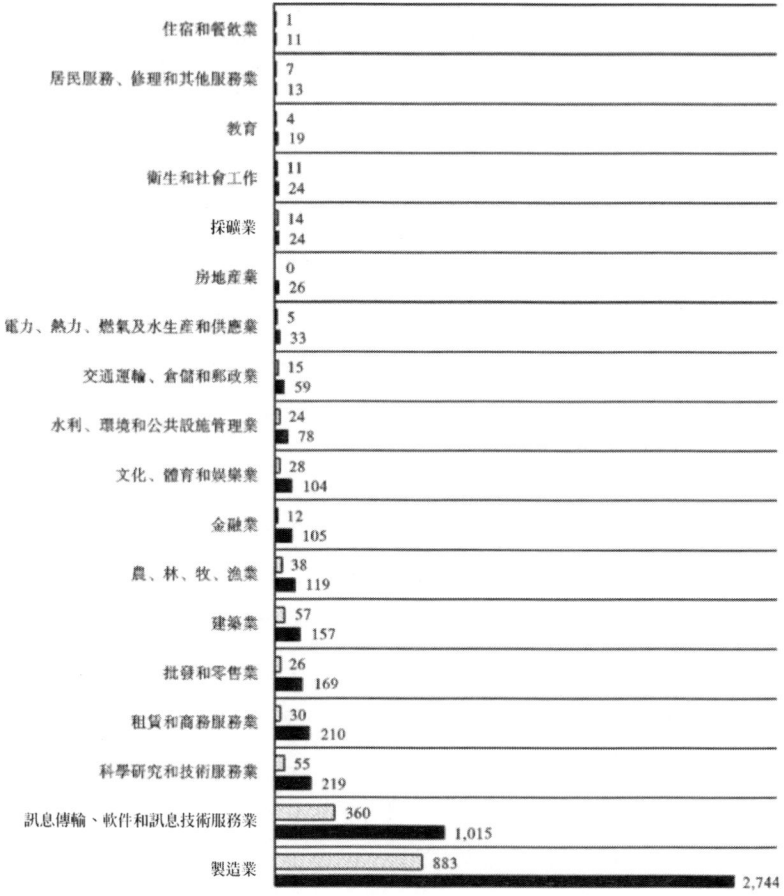

圖 1-2　新三板掛牌企業行業分佈特徵（2014—2015 年）

（圖 1-2、圖 1-3 數據來源：全國中小企業股份轉讓系統 www.neeq.cc）

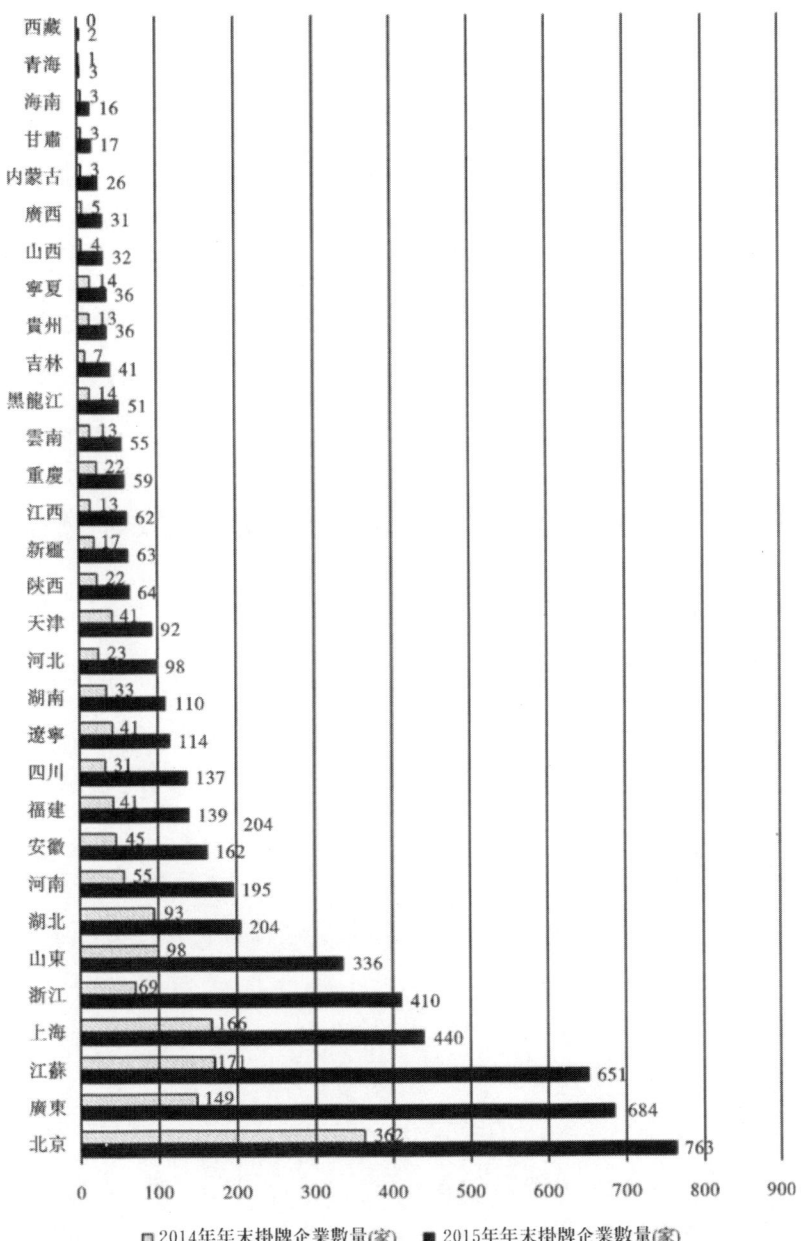

圖1-3　新三板掛牌企業地域分佈特徵（2014—2015年）

(2) 行政審批許可程序的簡單化

新三板市場之所以能在短短兩年時間在規模上急速擴大，其原因之一在於行政審批許可程序相較於主板市場更追求簡潔和效率。一方面，其掛牌公司依法納入非上市公眾公司監管，股東人數可以超過 200 人，而股東人數未超過 200 人的股份公司若申請在新三板掛牌，證監會豁免核准；另一方面，若掛牌公司向特定對象發行證券，且發行后證券持有人累計不超過 200 人的，證監會也豁免核准。同樣，在新三板市場中，其他依法需要核准的行政許可事項，《決定》要求證監會簡化審核流程，提高審核效率，無須再提交證監會發行審核委員會審核。這一決定為新三板市場的發展提供了簡便、快捷、高效的行政許可支撐，減弱了繁瑣的行政管理在市場中的干預作用。

(3) 融資方式與交易機制的多元化

新三板提供了定向增發、優先股發行、股權質押、股票質押回購以及中小企業私募債等多種融資工具，融資方式的多樣化使新三板的融資活躍程度從 2014 年以來實現了跨越式增長。同時，新三板市場也在繼續完善其多元化的交易機制，改革優化協議轉讓方式，大力發展做市轉讓方式，建立健全盤后大宗交易制度和非交易過戶制度，尤其是隨著 2014 年做市商制度的正式啓動，市場交易活躍度得以明顯提升。融資方式的多樣化和交易機制的多元化發展均使市場流動性逐漸得以改善，並且提高了市場價格發現效率。

(4) 掛牌企業分層與差異化管理

新三板掛牌公司數量的迅速增加、公司差異化特徵日益明顯，再加上做市轉讓與協議轉讓雙重交易方式並行，使掛牌公司的交易頻率、價格連續性等方面差異較大。掛牌公司在發展階段、股本規模、股東人數、市值、經營規模、融資需求等方面呈現出越來越明顯的差異，已具備實施內部分層的條件，促

使新三板市場加快內部分層管理工作的開展。按照全國股轉系統發布的《掛牌公司分層方案（徵求意見稿）》，針對掛牌公司差異化特徵和多元化需求，中國以「多層次、分步走」的總體思路，參考境外成熟市場分層的指標和經驗，在現階段將市場先分為基礎層和創新層，逐步完善市場層次結構。在未來的發展道路中，市場將逐步建立內部分層的維持標準體系和轉換機制，實現不同層級掛牌公司的有序流動，按照權利義務對等原則，在市場服務與監管要求方面，對不同層級掛牌公司實行差異化制度安排。

（5）主辦券商的職能擴張與競爭加劇

主辦券商是新三板市場的重要仲介機構，隨著市場發展對券商功能的需求，主辦券商執業能力也隨之強化，其功能潛力也得到最大限度的挖掘。首先，證券公司能設立專業子公司統籌開展全國股轉系統（新三板）相關業務，不受同業競爭的限制；其次，在推薦環節，主辦券商涉及為企業提供掛牌、融資、併購、做市等全鏈條服務；在持續督導環節，主辦券商能參與掛牌公司合規培訓、信息披露合規審查，幫助掛牌公司完善發展戰略、推進資源整合；在交易環節，主辦券商又可以通過經紀業務和做市能力充分發揮市場交易組織者和流動性提供者的功能。與此同時，隨著越來越多擁有新三板業務執業資格的券商加入市場，主辦券商之間的競爭也日益加劇，促使各券商提高執業質量、創新業務種類，也促使新三板市場加快建立健全主辦券商激勵約束機制和監管機制，使市場仲介的職能與作用在良性競爭的環境中得以最大化發揮。

（6）投資者結構的機構化

由於新三板掛牌的中小企業具有業績波動大、市場風險較高的特點，因此市場在發展的過程中逐漸嚴格投資者准入條件。相較於自然人投資者與機構投資者並重的主板市場，新三板市

場的發展特徵是堅持以機構投資者為主體的發展方向、大力發展和培育機構投資者隊伍、嚴格自然人投資者的准入條件。表1-1針對新三板市場對自然人和機構投資者的不同要求進行了對比總結，突顯了中國新三板市場的相關條件向機構投資者明顯傾斜，市場投資者結構機構化發展傾向日益明顯。

表1-1　　　　　　　新三板市場投資者條件

自然人投資者	機構投資者
現階段要求： 證券資產不低於500萬元，有兩年以上證券投資經驗，或具有會計、金融、投資、財經等相關專業背景或培訓經歷	現階段要求： 註冊資本500萬元以上的法人機構，實繳出資總額500萬元以上的合夥企業，集合信託計劃、證券投資基金、銀行理財產品、證券公司資產管理計劃以及由金融機構和相關監管部門認可的其他金融產品或資產 未來發展方向： 研究落實合格境外機構投資者及人民幣合格境外機構投資者參與新三板市場的制度安排，推進將新三板掛牌證券納入保險資金、社保基金和企業年金等長期資金投資範圍

（7）信息披露與市場監管的透明化與規範化

在信息披露和市場監管制度的發展過程中，新三板市場正加快構建以投資者需求為導向的差異化信息披露制度體系，並建立仲介機構工作底稿留痕和事後追責制度，強化申報即披露、披露即擔責的監管要求，強化事中和事後監管，突出信息披露與市場監管的透明化與規範化建設。新三板市場堅持以市場化、法治化為導向推進監管轉型，堅持以信息披露為本，以公司自治和市場約束為基礎，以規則監管為依據，構建職責明確、分工清晰、信息共享、協同高效的監管體系，切實維護市場公開、公平、公正。

1.1.2 新三板市場在中國多層次資本市場中的定位

(1) 多層次資本市場的背景意義

在資本市場上，不同的投資者與融資者都有不同的規模大小與主體特徵，存在著對資本市場金融服務的不同需求。投資者與融資者對投融資金融服務的多樣化需求決定了資本市場應該是一個多層次的市場體系。多層次的資本市場能夠對不同風險特徵的籌資者和不同風險偏好的投資者進行分層分類管理，以滿足不同性質的投資者與融資者的金融需求，並最大限度地提高市場效率與風險控制能力。從全世界範圍來看，對中小企業的資本市場服務問題，是一個全球性難題。通過建設多層次資本市場來解決這一問題是一個有效的方法。

(2) 中國多層次資本市場的結構現狀

按照多層次資本市場的概念，中國的資本市場主要分為三個層次，即主板市場（第一層次）、創業板市場（第二層次）以及場外市場（第三層次），其中第一、二層都歸屬於交易所內市場。如圖1-4所示，主板市場包含滬深證券交易所主板及中小企業板市場，主要是為大型、成熟企業的融資和轉讓提供服務；創業板市場是主要為創業型企業、中小企業和高科技產業企業等需要進行融資和發展的企業提供融資途徑和成長空間的證券交易市場；場外市場包括新三板市場、區域性股權交易市場、證券公司櫃臺市場等，主要解決處於初創階段中後期和幼稚階段初期的中小企業在籌集資本性資金方面的問題。

在2013年年底新三板正式擴容以前，中國資本市場結構與以美國為代表的發達國家資本市場結構呈現了相反的狀態。中國的交易所場內市場在規模上占據整個資本市場的主要位置，而場外市場發展比較邊緣化，掛牌企業數量也無法與交易所上市企業數量相比，而美國資本市場早已形成場外交易市場規模

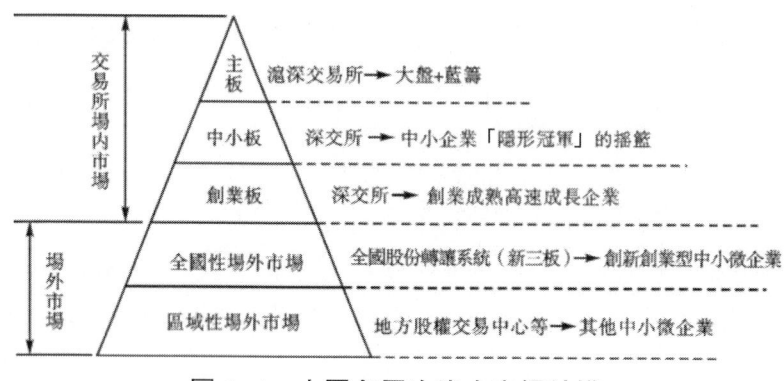

圖1-4　中國多層次資本市場結構

遠大於場內市場規模的格局。截至2015年年底，美國以紐交所和納斯達克為主的場內交易市場上市企業約6,000家，但以OTCBB市場（美國「三板」）、粉單市場和灰色市場為主的場外交易市場掛牌企業合計約70,000家。然而，在中國新三板市場於2013年年底正式擴容后，資本市場的規模結構得到迅速糾正。截至2016年2月，中國包含主板及創業板的場內市場上市企業數量為2,821家，而場外市場僅僅在新三板上掛牌的企業家數已達到5,687家，使中國資本市場各層級市場規模比例迅速接近發達國家多層次資本市場的形態。

（3）新三板市場的定位

從圖1-4中可以看出，新三板在中國多層次資本市場中定位於場外交易市場，並且經過近十年的發展，已發展為全國性場外市場。此外，在2013年以前，中國資本市場只有上市公眾公司和非上市非公眾公司兩個概念，也就是說只要不上市，就不是公眾公司的法律地位。但隨著《非上市公眾公司監督管理辦法》在2013年的正式實施，在新三板掛牌的公司，在法律地位上，也可以比同在滬深交易所上市的公司——即都是公眾公司。這標志著非上市公眾公司監管納入法治軌道，上市公司和非上市公眾公司在法律上可以比同，都是經證監會核准的公眾公司，納入證監會

統一監管的範圍。至此，新三板市場已成為中國場外市場的核心市場，其性質、功能及發展規劃上的定位也日益清晰、明確。

法律定位：經國務院批准，依據《中華人民共和國證券法》設立的全國性證券交易場所，是繼滬深交易所之后的第三家全國性證券交易場所。

服務對象定位：新三板市場是「創新型、創業型、成長型」中小微企業實現產融對接、資本投入和退出的主要平臺。

掛牌公司准入門檻定位：申請掛牌的公司應當業務明確、產權清晰、依法規範經營、公司治理健全，可以尚未盈利。

市場功能定位：新三板市場具有公開轉讓股份、股權融資、債券融資、資產重組等市場功能，但並不以交易為目的。

1.1.3 新三板市場指數運行現狀

由於市場規模的擴大、掛牌企業覆蓋行業全面、市場流動性和成交額的顯著提升，新三板發布市場指數的條件已顯成熟。為進一步完善市場功能、提高市場運行質量，便於投資者參與市場，全國中小企業股份轉讓系統有限責任公司委託中證指數有限公司編製了「三板成指」和「三板做市」兩大指數，並於2015年3月18日正式發布指數行情。這次首批指數的發布是新三板市場發展的里程碑事件，標志著新三板市場行情有了「風向標」。新三板指數的發布將在進一步提升市場關注程度、引導掛牌公司優化股票轉讓方式、吸引機構投資者參與等方面產生積極作用和深遠影響。

（1）三板成指

「三板成指」全稱全國中小企業股份轉讓系統成分指數（NEEQ Component Index，指數代碼：899001），它覆蓋了全市場的表徵性功能，包含協議、做市等各類轉讓方式股票。考慮到目前協議成交連續性不強，該指數擬每日收盤后發布收盤指數，

綜合考慮市值及股票流動性，剔除了無成交記錄的掛牌公司，並限制行業及個股的最大權重，避免因單一行業或個股出現極端情況時可能造成指數失真的情況。

該指數以 2014 年 12 月 31 日為基日，以該日收盤後所有樣本股的調整市值為基期，以 1,000 點為基點，實施每季度調整一次，即每年 3 月、6 月、9 月、12 月的第二個星期五收盤后的下一個轉讓日為樣本股調整時間。

如圖 1-5 所示，自基期日至 2016 年 2 月，三板成指上漲了 30% 左右，已持續半年維持在 1,250～1,500 點振蕩，指數曾經在 2015 年 4 月達到最高點位 2,134.31，在 2015 年 11 月 5 日，達到歷史最大成交量 45,990.23 萬股，共計 94,341.97 萬元的成交額。

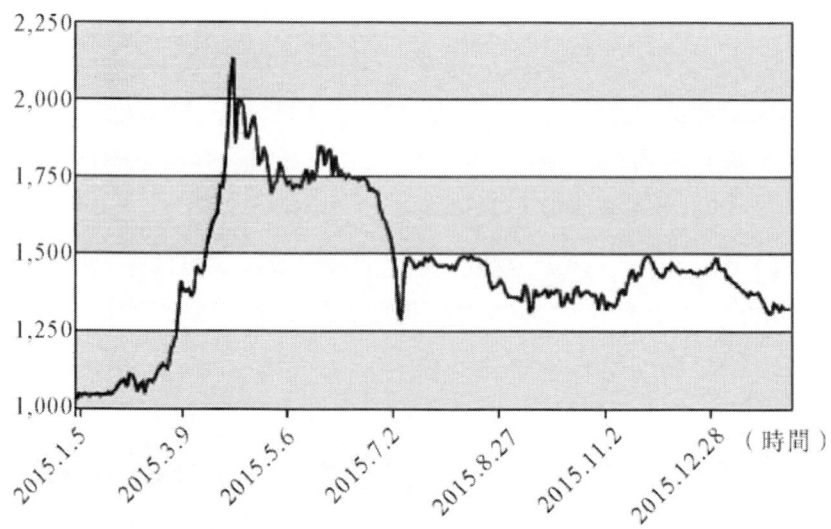

圖 1-5 「三板成指」指數走勢

（數據來源：全國中小企業股份轉讓系統 www.neeq.cc）

（2）三板做市

「三板做市」全稱全國中小企業股份轉讓系統做市成分指數

（NEEQ Market Making Component Index，指數代碼：899002），該指數主要覆蓋新三板市場上採用做市轉讓方式的股票樣本，剔除了掛牌以來無成交和流動股本為零的股票。指數的基日與基點編製標準以及指數樣本股調整時間均與「三板成指」相似。

由於「三板做市」所覆蓋的樣本股全是以做市轉讓交易，具備連續競價的特徵，因此其走勢圖和「三板成指」相比起來更接近於交易所市場指數呈現方式。但相較於場內交易規則，新三板做市沒有10%漲跌停幅度的限制，於是其價格走勢表現在K線圖走勢上（如圖1-6所示），更具波動性特徵。自基期日至2016年2月，三板做市成分指數最高達到2,673.17點，隨後回落至1,200~1,500點振蕩。

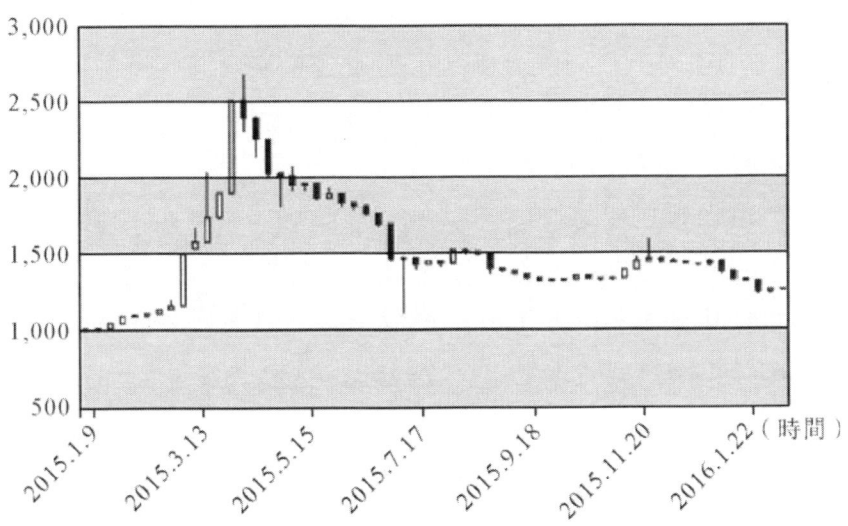

圖1-6 「三板做市」指數周K線走勢

（數據來源：全國中小企業股份轉讓系統 www.neeq.cc）

1.1.4 新三板市場與英美三板市場的差異

（1）美國三板市場

美國場外櫃臺交易系統（Over the Counter Bulletin Board，簡稱OTCBB），又稱布告欄市場，最早是由納斯達克（NASDAQ）的管理者全美證券商協會（NASD）在1990年開通的電子報價系統。該系統提供任何未在NASDAQ或其他全國性市場上市或登記證券的交易價格和交易量，並逐漸成為場外交易市場的重要組成部分。但在2007年7月被美國金融業監管局（FINRA）接管之后，其市場規模有較大幅度的縮水。

從OTCBB市場的定位、起源與發展來看，它具備典型的三板市場特徵。第一，它隸屬於美國場外交易市場的組成部分。第二，按美國上市報價要求高低排序，OTCBB市場低於納斯達克市場，同時又高於粉單市場①；若按中國的定義將納斯達克歸於紐交所市場以下的第二層次市場，那麼OTCBB就剛好歸於第三層次市場。第三，從OTCBB市場掛牌企業屬性和交易特徵來看，其也貼近中國新三板市場的特徵，即零散、小規模、簡單的上市程序、較低的費用以及較低的信息披露要求。

（2）英國三板市場

英國的資本市場層級是由倫敦證券交易所運作的四大獨立交易市場和其他非正式市場所構成，其中隸屬於交易所的四大獨立交易市場為倫敦主板市場、另類投資市場（AIM）、專業證券市場（PSM）以及專業基金市場（SFM）；而在其非正式市場中，OFEX是最接近三板市場定義的市場。

---

① 粉單市場（Pink Sheet），原名National Quotation Bureau，簡稱NQB（全國報價局），在1913年成立，為一私人企業，因最初是把櫃臺交易報價信息印刷在粉紅色的紙張上出版而得名。1963年NQB被出版業大財團買下，使得NQB仍以粉單印刷出版的方式提供各種證券的報價信息，1997年NQB更換經營團隊，以電子揭示看板的新技術提供客戶櫃臺買賣中心的交易信息。2000年6月，NQB改名為Pink Sheets LLC（Liability Limited Company）。現今的粉單交易市場，已納入納斯達克最底層的一級報價系統，是美國櫃臺交易（OTC）的初級報價形式。

OFEX（Off-Exchange，未上市證券市場）創立於1995年10月2日，其目的是為那些未進入倫敦證券交易所主板市場或AIM掛牌交易的公司股票建立一個可出售其股票、募集資金的市場。一些在AIM交易的公司股票及以前在1996年年底關閉的「未上市證券市場」交易的公司股票也可以在OFEX進行交易。OFEX與AIM非常類似，都是為中小型高成長企業進行股權融資服務的市場。但OFEX的市場准入門檻更低、層次更初級，與中國的新三板屬性更相似，它是由在倫敦證券交易所承擔做市商職能的一家家族公司（JP Jenkins）創辦的。2002年以前，OFEX是由Jenkins公司依據英國法律和倫敦交易所的相關管理規定自己實施監管。從2002年起，該市場日益發展壯大，已正式納入英國證監會的監管範圍之中，由英國證監會直接監管。

（3）差異對比

相較於以英美為代表的發達國家三板市場發展情況，中國新三板市場從起源到發展至今所經歷的時間來看並未落後太多，並且由於發展速度較快，在規則制定、市場規模等方面已達到發達國家三板市場水平，但在發展程度上仍有一定的差異。

表1-2從市場創立時間、服務對象、掛牌條件、交易制度、市場規模以及轉板情況六個方面對中美英三國的三板市場進行了對比。創立時間上，新三板市場的成立比美國晚了近16年，比英國晚了11年。服務對象上，中國新三板市場的定位幾乎和英美一樣，均針對處於成長初期或中期的高成長性中小企業。掛牌條件上，新三板自擴容之後放寬了掛牌條件，對企業規模、財務等沒有了過多的限制，這一點已和國外接軌，但在限制性條件上與英美有一定差距。又如美國OTCBB市場要求掛牌企業必須有做市商，這一要求能增進其三板市場的流動性；比如英國OFEX市場對掛牌企業在流動資本、股份限制、掛牌期間企業顧問等規定上要求較多。交易制度上，中國新三板正在大力

發展做市商制度，但從現狀來看，大部分掛牌企業的股份轉讓方式還是以協議轉讓為主，而英美的三板市場均已形成以做市商制度為核心的交易制度。市場規模上，僅從2016年年初最新數據可以看出，中國新三板市場規模已超越英美三板市場，但如果從歷史數據的變化來看，中國現階段的三板市場規模還未達到美國OTCBB市場鼎盛時期的規模狀況。在2012年以前，OTCBB市場每年的掛牌企業均保持在2,000～3,000家，只是美國金融業監管局接管OTCBB市場以後，對掛牌企業實施了大幅度的消減政策，導致OTCBB市場至今掛牌企業數量已縮減至300家左右，但美國其他OTC市場的企業的掛牌參與度仍占據整個資本市場首位。最後，在轉板情況方面，三板市場孕育的掛牌企業轉板的數量與該市場掛牌企業發展質量有直接關聯，新三板市場發展至今，一共有11家企業成功完成轉板，大部分在創業板上市。但這一數據相較於規模逐年縮小的英美三板市場還相差甚遠，在英國OFEX市場的掛牌企業迄今為止已完成了70家公司成功轉板至AIM場內交易市場上市；而美國的OTCBB市場在金融業監管局接管后的2009—2013年，雖然取消了許多企業掛牌，導致市場縮水，但期間累計有200多家掛牌企業完成了在交易所市場的成功上市。

表1-2　　　　　　　　　中美英三板市場對比

對比項	中國	美國	英國
	新三板	OTCBB	OFEX
創立時間	2006年	1990年	1995年
服務對象	「創新型、創業型、成長型」中小微企業	規模較小、處在發展初期、尚且達不到在主板上市標準的中小企業	中小高成長企業

表1-2(續)

對比項	中國 新三板	美國 OTCBB	英國 OFEX
掛牌條件	業務明確、產權清晰、依法規範經營、公司治理健全，可以尚未盈利	有3名以上的做市商，具備GAAP的審計報告；或者是從紐交所和美交所退市的證券	合法的法人組織，至少有一名獨立非執行董事，需始終至少保有一名OFEX企業顧問，已發布本公司從被核准上市交易日之前9個月的財務報告，對公司股份可轉讓性沒有限定，公司股份交易能在網上電子結算，需保持充足的流動資本
交易制度	以協議轉讓為主做市轉讓為輔	以做市轉讓為核心	以做市轉讓為核心
市場規模	(截至2016年2月)掛牌公司：5,687家 總股本：3,289.4億股	(截至2016年1月)掛牌公司：286家* 總股本：63.75億股*	—
轉板情況	2006年至今，有10家公司轉板至創業板上市，1家公司轉板至中小板上市	2009—2013年，有15家公司轉板至紐交所上市，58家公司轉板至美交所上市，154家公司轉板至納斯達克上市	1995年至今，已有70家以上的公司轉板至AIM市場上市

*註：截至2016年1月，美國全部OTC市場掛牌公司總數為10,390家，股本總數為908.54億股。

(數據來源：www.neeq.com.cn, www.finra.org, immx.co.uk)

綜上所述，中國新三板市場的規模現狀已趕超英美三板市場的規模，但其原因來自於英美三板市場管理層對市場的刻意壓縮與政策變革，如果對比英美三板市場發展頂峰時期的規模，新三板市場還有很大的差距。另外，在掛牌條件、交易制度和轉板情況方面，新三板與發達國家三板市場相比依然不夠完善，特別是做市商制度的發展在新三板市場還處於初級階段。擴容以來，新三板市場對掛牌企業的條件要求也更加寬鬆，這一點雖促進了市場規模的膨脹，但使掛牌企業質量參差不齊，加大了投資者的風險以及監管的難度。

1.2　金融機構在新三板市場的掛牌現狀

新三板市場對企業的財務指標等不設嚴格限制，對所屬行業也沒有要求，這種巨大的包容性極大地鼓勵了各式各樣的企業謀求登陸新三板。其中最能引起人們興趣的話題，便是近幾年金融機構在新三板市場中頻頻登陸、急速擴張其流通股份以及部分掛牌金融機構做市價格的強勢波動和嘗試舉牌二級市場等資本運作活動。相較於其他掛牌企業，金融類企業對於新三板的發展最為敏感，也最為瞭解，甚至其日常業務也與新三板有很強的關聯性。它們不僅是市場的融資者，也是市場投融資業務的組織者。掛牌金融機構在新三板市場中的活躍舉動，增添了新三板市場的流動性，提高了股票交易的活躍性，豐富了新三板市場的行業版圖，但同時，也給新三板市場帶了更多的風險，以及給三板市場監管帶了更大挑戰。

1.2.1 金融機構在新三板市場中的特殊性

（1）金融機構作為市場主體的特殊性

按照廣義上對金融機構的定義，金融機構是指從事金融活動的仲介機構，是金融活動的行為主體，是金融工具的主要創造者和使用者，也是金融市場的主要參與者和組織者。因此，在金融市場的參與主體的類別劃分中，金融機構區別於其他非金融類企業的特殊性便在於，在資金供給者、資金需求者、仲介、管理者四類市場主體角色中都有金融機構的參與，而一般企業只作為資金供給者與需求者參與金融市場交易。

在新三板市場中，作為仲介機構參與進市場業務運作的金融機構主要為主辦券商和合作銀行，其中，部分主辦券商除了扮演仲介機構的角色以外，也兼具市場交易者、掛牌企業以及自我監管者等多重角色。主辦券商是代辦股份轉讓業務主辦券商的簡稱，是指取得從事代辦股份轉讓主辦券商業務資格的證券公司。它們在新三板市場中處於核心樞紐地位，負責聯繫各個掛牌公司、登記結算服務機構和管理機構等各參與方。因此，主辦券商在新三板市場中尤其在報價轉讓的交易制度之下是最活躍、最不可或缺的主導。截至 2016 年 2 月，參與新三板市場的主辦券商共計 85 家，其中，有 5 家券商同時也掛牌於新三板市場，分別是湘財證券、聯訊證券、開源證券、東海證券和南京證券；做市企業數量最多的前 3 家券商為廣州證券、中泰證券和上海證券；做市成交量最大的前三家券商為東方證券、中泰證券和中信證券；累計推薦掛牌企業數量位居前列的 3 家券商為申萬宏源、中泰證券和安信證券。

除了主辦券商以外，合作銀行也是新三板市場的重要仲介機構，商業銀行主要以提供專項金融產品及服務信息的業務模式參與市場。截至 2016 年 2 月，新三板市場合作銀行共計 33

家，共提供 71 項專項產品及服務。在這些服務類型中，除了為擬掛牌、已掛牌的新三板企業提供「股、債、貸」三位一體的綜合金融服務外，商業銀行也通過可轉債、併購債及與其他機構合作設立或參與新三板基金等方式介入新三板。和部分主辦券商的多重市場角色一樣，部分銀行除了扮演市場仲介角色以外，還兼具掛牌企業的特性。比如齊魯銀行，不僅是市場合作銀行之一，專門針對新三板掛牌企業提供金融財務顧問、信用貸、精英貸①、併購貸款、投聯貸②以及企業股權質押融資等業務以外，同時也作為新三板掛牌企業，以協議轉讓的方式在市場中獲取股權融資。

和主板券商以及合作銀行一樣，同時作為掛牌企業和市場仲介的金融機構還有部分涉及 VC/PE 業務的私募基金管理機構，如九鼎投資、中科招商等，它們是推動新三板掛牌企業數量增長的主力軍，不僅為具備掛牌潛力的中小企業提供中早期創業投資基金融資、推動企業的掛牌進程，而且作為成功掛牌企業的主要股東參與市場資本營運，在市場中兼具多重主體的特殊性。

（2）金融機構作為掛牌企業的特殊性

由於金融機構本身的特性，掛牌金融機構相較於其他掛牌非金融類企業有著自己的特殊性。首先是經營對象與經營內容的特殊性，其經營對象是貨幣資金這種特殊商品，經營內容則

---

① 齊魯精英貸業務是指齊魯銀行針對齊魯銀行已做授信的「新三板」掛牌和擬掛牌企業高管的個人消費、經營融資等需求，視具體情況匹配相應的額度。企業高管包括原始股東、核心員工及一致行動人等。

② 齊魯投聯貸業務是指齊魯銀行對於合作名單範圍內的 PE 擬投或已投的中小企業，在綜合考慮 PE 的投資管理能力和授信申請人未來發展前景等因素的基礎上，以信用、股權質押、PE 保證或類保證等方式，向授信申請人發放的融資業務。

是貨幣的首付、借貸及各種與貨幣資金運動有關或與之相聯繫的各種金融業務。由於新三板掛牌金融機構以中小金融機構為主，所以在上述經營內容中又有規模限制和資質限制的特殊性，比起大型金融機構，其經營業務主要偏向於以小規模信貸以及非存款類業務為主的模式。其次，掛牌金融機構的經營風險及影響程度也具備特殊性。一般中小掛牌企業的經營風險主要來自於商品生產、流通過程帶來的商品滯銷、資不抵債等風險，最多就是宣布破產而退出新三板市場，其衝擊力不大、影響範圍較小。但掛牌金融機構中，大部分中小金融機構的穩定性都影響著中國各行各業的中小微企業的資金鏈條的穩定性，由於掛牌金融機構涉及業務主要為信貸業務和創業投融資業務，故風險主要表現為信用風險、利率風險以及掛牌后的價格波動風險等，這一系列風險所帶來的后果往往超過對金融機構自身的影響。中國很多中小金融機構本身就存在治理、監管等不及大型金融機構規範的問題，但其存在不僅是金融生態環境的重要組成部分，也是中小微企業生態環境的重要組成。因此中小金融機構一旦出現經營不善而導致的危機，有可能對整個金融體系或整個經濟生態環境的穩健運行構成威脅，甚至會引發嚴重的社會或政治危機。

1.2.2 金融機構掛牌新三板的意義

從新三板市場的功能定位來看，它對其掛牌企業具有規範治理、提升形象、價值發現、信用增進、併購重組、股權激勵等主要功能，而這些功能對於掛牌金融機構又具備其對應的行業特殊意義。

（1）規範治理

規範的公司治理是中小企業獲取金融服務的基礎前提，也是實現可持續發展、確保基業長青的根本保障。主辦券商、律

師事務所、會計師事務所等專業仲介機構將幫助公司建立起以「三會一層」①為基礎的現代企業法人治理結構，梳理規範業務流程和內部控制制度，大大提升企業經營決策的有效性和風險防控能力。掛牌后，主辦券商還將對公司進行持續督導，保障公司持續性規範治理。

對於非金融類掛牌企業，規範治理的主要意義在於解決和監督中小型私營企業和設立初期的高科技企業容易出現的家族企業、個人絕對權力、重科研輕營運等問題；而對於金融類掛牌企業，規範治理在於對金融機構的資本運作、信息披露進行監督管理。金融機構的經營對象是貨幣資金及其相關運作業務這種特殊商品，在登陸新三板市場後相繼施展層出不窮的融資手段，給市場帶來流動性和創新的同時，在市場運作中也極其容易出現內幕交易、操縱價格、操作違規、信息披露不對稱、利益輸送等嚴重干擾市場的問題。比如2015年11月公布的新三板首批6宗案件調查審理中，最受矚目的便是對涉及違規的掛牌金融機構及其主辦券商的查處。因此，掛牌金融機構更需要嚴格建立多方機構監管、券商持續督導、信息披露保障制度，以及建立健全「三會一層」治理機制和金融機構自身的內部合規審查機制。

（2）提升形象

新三板屬於全國性場外證券交易市場，具有比地方性市場更大的平臺。企業在全國性市場中掛牌能吸引更廣泛的市場關注度，可提高企業的知名度，有利於其拓展業務。掛牌新三板的金融機構一般屬於中小規模，分佈較分散，尚未形成全國市場的業務格局，其業務質量也不被大多數人瞭解，無法與大型

---

① 「三會一層」是指以股東會、董事會、監事會和管理層為一體的公司治理機制。

金融機構或在主板市場上市的金融機構進行競爭，或者即便有競爭優勢也不為外界認知。但一旦通過新三板掛牌進入資本市場，其法律身分就轉變為公眾公司，展現出規範、透明、值得信賴的形象，並具備了全國市場的廣告效應，使更多個人或企業客戶能認識到中小金融機構的業務類型、服務質量以及競爭優勢。

（3）價值發現

新三板通過做市轉讓與協議轉讓的交易機制，均能讓掛牌金融機構的市場價格得以發現，特別是做市轉讓制度，能讓掛牌企業實現連續的價格曲線，使其價值得以充分反應。截至2016年1月，在新三板進行交易的130個金融機構中，16家採用了做市轉讓交易。它們在掛牌前，公司股權沒有流動性，沒有價格發現的平臺，只能以淨資產值估價，無法形成融資價格；然而，掛牌之后，公司獲得流動性溢價，公司以未來收益折現估值，估值水平較掛牌前會得以明顯提升，更容易受到更多股權投資機構的關注。

（4）信用增進

由於金融機構屬於特殊的企業，在社會經濟中扮演著舉足輕重的角色，其穩定性影響著中國各行各業資金鏈條的穩定性。因此信用風險是金融機構風險管理中尤其重要的一環，若金融機構產生信用風險，容易導致大規模的市場系統性風險，促成金融危機，造成整個社會的動盪。中國大型國有金融機構以及在主板市場上市的全國性金融機構，具備國有資產的支撐、國家相關部門監控，信用風險的產生概率是較低的。但眾多中小型金融機構由於存在規模小、地方化、資金鏈條不穩、監管不嚴等狀況，相較於大型金融機構，其信用水平是相對較低或者不穩定的。而中小金融機構通過在新三板掛牌，就引入了主辦券商督導機制、會計師事務所審計、證監會監管、投資者監督

以及行政處罰與民事賠償制度等，這些機制極大地增強了掛牌金融機構的透明度和規範度，並能通過市場化手段消除間接融資中產生的信息嚴重不對稱的問題。經營較好的金融機構受市場關注導致股權估值也能得以顯著提升，從而使其獲得明顯的信用增進作用。

（5）併購重組

中小型金融機構在掛牌之前，若想做出收購上下遊企業或者進行橫向收購減輕其市場競爭壓力等舉動時，都會由於資金壓力而放棄併購；而在新三板掛牌之後，可以通過定向發行股票進行併購重組，從而快速做大做強。並且，金融企業在進行橫向或縱向併購其他金融或非金融類企業時，掛牌後與未掛牌相比，將擁有更高的談判地位、主動的股份定價權，並能夠掌控併購重組進程，掛牌企業在併購重組中將完全處於甲方地位。

（6）股權激勵

股權激勵是對員工進行長期激勵的一種方法，是企業為了激勵和留住核心人才，而推行的一種長期激勵機制。推行股權激勵的企業有條件的給予激勵對象部分股東權益，使其與企業結成利益共同體，從而實現企業的長期目標。對於中小金融機構來說，其員工的組成主要是金融專業性較高的分析人員、資本運作或資產管理人員以及掌握市場資源的行銷管理人員，而這三部分構成中，市場行銷員工在金融機構中占了絕大部分人數。但在當今激烈的市場競爭中，市場行銷卻是流動性最強的職業，當中小金融機構培養了較為專業的行銷人員並使其累積了公司資源后，就可能面臨人員的同行業跳槽、高升、轉職的危機，這使公司沒辦法擁有長久核心的市場資源運作人員。而掛牌之後，中小金融機構可以採取股權激勵制度吸引員工入股，使核心團隊對公司的未來充滿信心，並將公司的發展前途與自己的職業前途綁定在一起，使其人員結構更加穩定、業績穩定

增長。

1.2.3　掛牌金融機構的規模發展狀況

自 2014 年 1 月 24 日湘財證券作為第一家金融機構掛牌登陸新三板市場開始，截至 2016 年 2 月底，在新三板市場掛牌的金融機構共計 131 家，在此期間，隨著新三板擴容節奏加快和政策的利好，新三板掛牌金融機構每季度均呈遞增趨勢增長。

如圖 1-7 所示，在 2014 年前三季度，掛牌金融機構相對較少，維持在每季度 2~3 家的規模增長，但進入 2015 年之後，特別是在 2015 年第四季度，在新三板掛牌的金融機構數量得以爆發性增長，整個季度共計 67 家金融機構獲得正式掛牌交易。在 2014 年年初，登陸新三板的金融機構類型主要以銀行業非存款類金融機構為主，證券公司、保險公司及其他金融機構的掛牌規模相對較小。在隨后逐漸登陸新三板的掛牌金融機構中，其他非銀行類金融機構的規模日漸龐大，在 2015 年第四季度的所有掛牌金融機構中，有 20 多家證券期貨類企業、7 家保險公司以及 10 多家其他非銀行類金融機構，整個市場中金融機構的種類構成日漸多元化。然而，在 2016 年 1 月之後，由於新三板中規模數量最大的小貸公司出現質量參差不齊的狀況，以及部分掛牌私募股權基金的經營規範問題，全國中小企業股份轉讓系統開始嚴格加強對掛牌金融機構的審核標準以及實行市場風險控制，暫停私募股權基金掛牌之後，又將暫停掛牌對象擴大到包括小貸公司在內的金融機構，因此導致金融機構的掛牌數量在 2016 年第一季度驟減，同時意味著近兩年快速擴大的金融機構掛牌規模，從 2016 年起將進入縮減期。

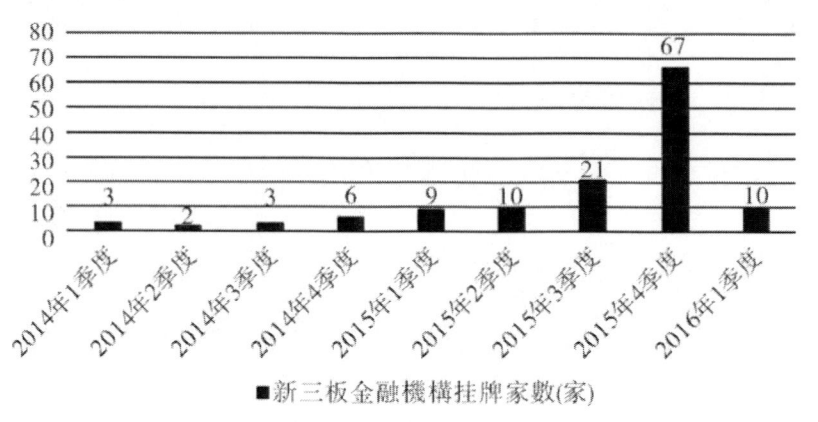

圖 1-7　新三板擴容以來金融機構掛牌數量變化情況

1.2.4　掛牌金融機構的行業細分狀況

按照全國中小企業股份轉讓系統的掛牌公司二級行業分類標準，新三板中的掛牌金融機構大致可以分為四類，即保險類金融機構、銀行類金融機構、證券期貨類金融機構以及其他金融機構。其中新三板中的銀行類機構又可進一步分為存款類機構和非存款類機構，並且掛牌數量以非存款類機構為主（如圖1-8所示）。截至 2016 年 2 月，已掛牌銀行業非存款類機構共有 63 家，占掛牌總數的 48%，是掛牌金融機構中數量最龐大的類別；其次是證券期貨類機構，占比 28%；占比最少的類別為中小型商業銀行，僅有 3 家在新三板掛牌。

在已掛牌銀行類機構中，有 46 家貸款公司、11 家擔保公司、6 家金融租賃公司、2 家銀行以及 1 家信用合作社；已掛牌證券期貨機構中，主要有私募基金公司、證券公司、期貨公司以及投資諮詢公司，其中占比最多的為私募基金公司，共 23 家；而按其他金融歸類的掛牌機構，按其主營業務區別，主要可分為綜合性投資管理機構、管理諮詢策劃機構、金融服務外包機構以及貨幣兌換機構四種類別，其結構情況如圖 1-9 所示。

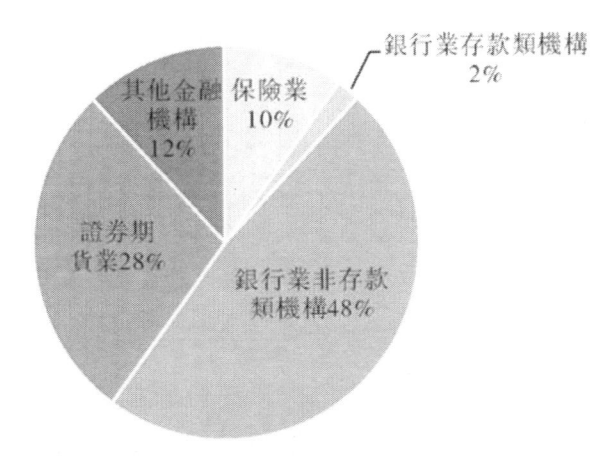

图 1-8　掛牌金融機構行業細分結構

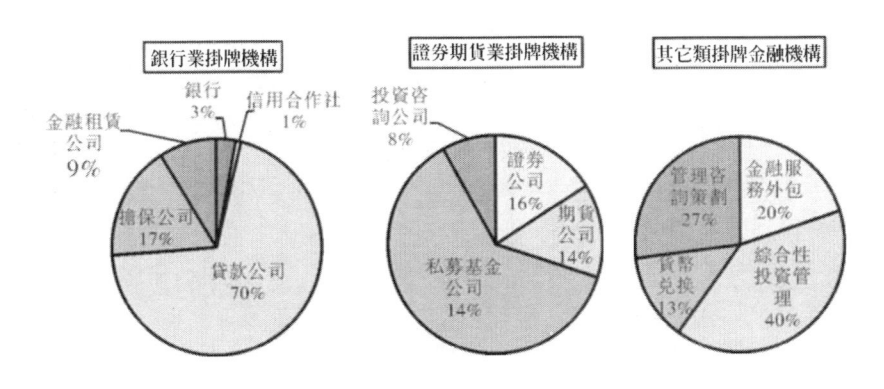

圖 1-9　掛牌金融機構行業細分狀況一覽

1.3　新三板掛牌金融機構股票發行現狀

1.3.1　新三板股票發行相關概念

根據《全國中小企業股份轉讓系統業務規則（試行）》的相關規定，在新三板市場中的股票發行，是指掛牌公司向符合規定的投資者發行股票，發行后股東人數累計不超過 200 人的

行為。發行對象可用現金或者非現金資產認購發行股票，掛牌公司股票發行以現金認購的，公司現有股東在同等條件下對發行的股票有權優先認購。掛牌公司應當在與發行對象簽訂的認購合同中載明該發行對象擬認購股票的數量或數量區間、認購價格、限售期，同時約定本次發行經公司董事會、股東大會批准后，該合同即生效。

掛牌企業發行的股票按流動性的不同，可分為限售股與非限售股。所謂限售股，是指在與特定發行對象簽訂的認購合同中規定的具有限售期限的股份，這部分股本在限售期限未滿之前，是無法參與新三板市場股份轉讓的。而非限售股相對來說是具備一定流動性的股本，可以通過做市轉讓、協議轉讓以及競價交易的方式參與市場交易。但由於新三板市場股票流動性相較於主板市場來說要小很多，並且大部分掛牌公司都是通過協議轉讓的方式進行交易的，很多企業股份在市場中幾乎沒有流動性，非限售股本部分有時候也不能得以很好地轉讓流通，因此非限售股份不能完全等同於主板市場中流通股的概念。

1.3.2 掛牌金融機構股本現狀

截至 2016 年 4 月，新三板 131 家掛牌金融機構的總股本合計 7,950,187 萬股，其中非限售股本合計 3,925,682 萬股，占總股本比例為 49.38%，還不足一半的比例，其中只有湘財證券的非限售股本占比達到 100%，而有將近 42 家掛牌金融機構是沒有非限售股份的，也就是近 32% 的金融機構股票在新三板市場上是完全缺乏流動性的。

表 1-3 對新三板掛牌金融機構的最新股本情況進行了統計，其中，總股本最多的公司從屬於證券期貨行業，遠遠超出其他細分行業，股本數最少的公司也出現在證券期貨以及保險行業，說明證券期貨業掛牌公司規模差距較大。而從非限售股本占比

情況來看，四大類細分行業中的掛牌機構非限售股本均值都未達到總股本一半的比例，但相比起來，銀行業和證券業掛牌機構的股份流動情況相對來說好一些。無非限售股機構家數中，由於銀行業和期貨業掛牌機構數量占比較大，因此出現的無非限售股本機構家數也較多，但從比例上來看，其他金融類機構的股份發行情況是最差的。

表 1-3　　　掛牌金融機構股本統計數據一覽

（截至 2016 年 4 月 9 日）

	掛牌金融機構總股本（萬股）				掛牌金融機構非限售股本占比（%）			無非限售股本機構家數
	總數	均值	最高值	最小值	均值	最高值	最小值	
銀行業	2,973,089	45,046.8	450,000	5,000	38.97	98.01	0	20
證券期貨業	3,688,723	108,336.5	1,500,000	1,000	28.84	100	0	11
保險業	272,221	20,940.1	217,800	1,000	21.15	72.64	0	5
其他金融	696,428	46,428.5	376,897	1,034	17.41	82.03	0	6

1.4　新三板掛牌金融機構股票交易現狀

按照《全國中小企業股份轉讓系統股票轉讓細則》的規定，新三板市場中的股票可以採取做市轉讓方式、協議轉讓方式、競價轉讓方式之一進行轉讓交易。在所有掛牌金融機構中，所登記採取的交易方式只有做市轉讓和協議轉讓兩種方式，因此本部分以這兩種方式為出發點，對掛牌金融機構股票交易現狀進行分類概述。

1.4.1　做市轉讓交易現狀

新三板做市商制度（報價驅動制度）是指證券公司（主辦券商）使用自有資金參與新三板交易，持有新三板掛牌公司股

票，通過自營買賣差價獲得收益，同時證券公司會利用其數量眾多的營業部網點，推廣符合條件的客戶開立新三板投資權限，從而提高整個新三板交易的活躍度，盤活整個市場。股票採取做市轉讓的掛牌公司應當有2家以上做市商為其提供做市報價服務，且其中一家做市商應為推薦其股票掛牌的主辦券商或該主辦券商的母（子）公司；若做市商不足2家，且未在30個轉讓日內恢復為2家以上做市商的掛牌公司，其轉讓方式將強制變更為協議轉讓方式。新三板做市轉讓的具體交易方式是，做市商應在全國股份轉讓系統持續發布買賣雙向報價，相對買賣差價不得超過5%，並在其數量範圍內按其報價履行與投資者的成交義務，且在做市轉讓方式下，投資者之間不能成交，但可以採用限價委託方式委託主辦券商買賣股票。一般情況下，投資者買入的股票，在買入當日不得賣出，但做市商買入的股票，在買入當日可以賣出。

　　由於做市轉讓交易的要求較為複雜，涉及交易的機構和投資者較多，對於新三板這個流動性較弱的市場，很少掛牌公司能持續採用做市轉讓交易方式。現階段，在已掛牌的131家金融機構中，採用做市交易的僅有26家。這些金融機構的股票流動性較強、交易相對活躍，然而其缺點在於做市商相較於投資者具有更多的信息優勢，導致市場缺乏透明度，增加了股價的可操縱性以及投資者的風險負擔。

　　做市轉讓方式為部分金融機構股票提供了流動性和市場報價，使投資者更好地參與交易，但同時也使股價波動性具備極大的不確定性，使投資者很難預測及控制風險。對比26家做市交易的金融機構股價走勢，大致可以分為以下三種類別（如圖1-10、圖1-11、圖1-12所示）。

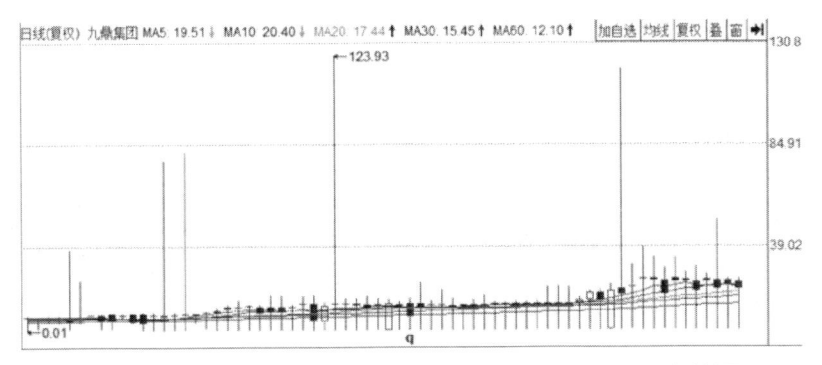

圖 1-10　九鼎集團 2015 年 2 月至 6 月的日 K 線走勢圖

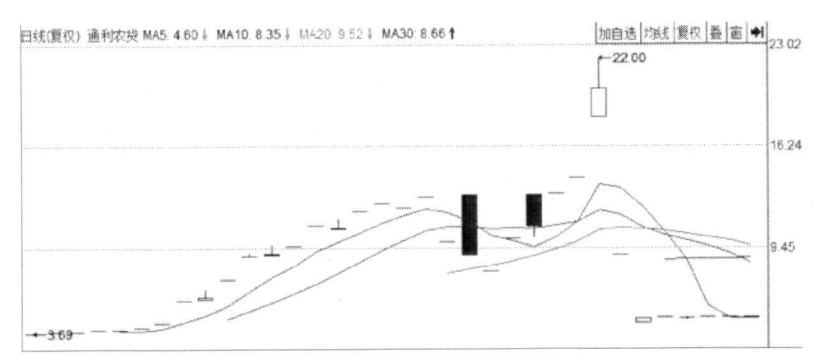

圖 1-11　通利農貸 2014 年 8 月至 2015 年 8 月的日 K 線走勢圖

圖 1-12　融信租賃 2015 年 11 月至 2016 年 4 月的日 K 線走勢圖

第一種是因沒有漲跌停幅度限制導致日振幅極其劇烈的類

型。如九鼎集團（430719）的股價，在 2015 年 2 月至 6 月的價格走勢中，幾乎每天的振幅波動可以從最低 45%到最高 1,103%不等，平均日均振幅都能達到 100%以上。

第二種是因流動性較小而導致每天做市商無法做出連續報價，致使每日股價沒有振幅、連續多日或間隔幾日以一字價位收盤的情形。如通利農貸（831098）2014—2015 年的股價走勢，一年中只出現了 40 天的報價，並且大部分天數中價格沒有波動性。

第三種是最為接近主板市場連續競價交易的股票價格走勢的情形，即每日都有較穩定的流動性，且振幅與漲跌幅均能長期控制在一個穩定的區間。如融信租賃（831379）在 2015 年 11 月至 2016 年 4 月的股價波動情形，可以從其日 K 線圖中看出，幾乎每日的價格振幅與漲跌幅都穩定地控制在 10%以內，從其掛牌進行做市交易起，就未出現過巨幅股價波動情形。

1.4.2 協議轉讓交易現狀

所謂協議轉讓，是指股票交易雙方在交易平臺通過洽談、協商以協議成交的交易方式。由於協議轉讓是由買賣雙方線下議定價格，通常是買賣雙方直接洽談，然后通過股轉系統（新三板）交易。在該交易方式下，買方要有比較專業的知識，才能盡可能避免投資失誤。因此相較於做市轉讓交易模式，協議轉讓會面臨更高的估價風險，以及不容易變現、面臨流動性的風險，不利於吸引非專業投資者的參與。然而與此同時，由於協議轉讓不會像做市轉讓那樣產生寡頭壟斷做市的情況，也不容易觸及股東人數累計超過 200 人的約束條件，這會使協議轉讓在新三板市場發展初期也具備其相應的好處，並且操作方式也要簡單便捷很多。這便是為什麼新三板市場大部分掛牌企業都採用的協議轉讓交易機制。

目前，在新三板掛牌的金融機構中，採用協議轉讓交易的企業有 105 家，占掛牌金融機構總數 80% 以上。可見大部分金融企業採用協議轉讓的交易方式，或者因做市商家數不足而被迫轉為協議轉讓的交易方式。新三板的協議轉讓和做市轉讓一樣有規範的委託、申報、匹配成交以及行情和成交信息公布程序。委託與申報均分為意向、定價和確認三部分，交易主機接受申報的時間為每個轉讓日的 9：15~11：30 和 13：00~15：00，並在 9：30~11：30 和 13：00~15：00 為協議轉讓進行成交確認，並按照時間有限原則，將成交確認申報與該成交確認申報證券代碼、申報價格相同、買賣方向相反及成交約定號一致的定價申報進行確認成交。同時，採取協議轉讓方式的股票只要確定當天有交易，新三板市場會公布包括開盤價、收盤價、最近成交價、當日最高和最低成交價、當日累計成交數量等每日即時行情信息。對於一些流動性較好的掛牌金融機構股票來說，協議轉讓方式也能為企業提供較好的價格形成機制。比如瓊中農信（430753）自 2014 年 5 月在新三板掛牌以來，其股票一直保持一個穩定的流動性，每個轉讓日均有一定的成交量，從最低 20 多手到最高 18,000 多手不等，但大部分時間維持相對穩定的供求關係。如圖 1-13 所示，在瓊中農信 2016 年以來的股價日 K 線圖中可以看出，其價格一直穩定在 1.5~3 元，並在大部分時間能保持每日最低 10~200 手的基本成交量。

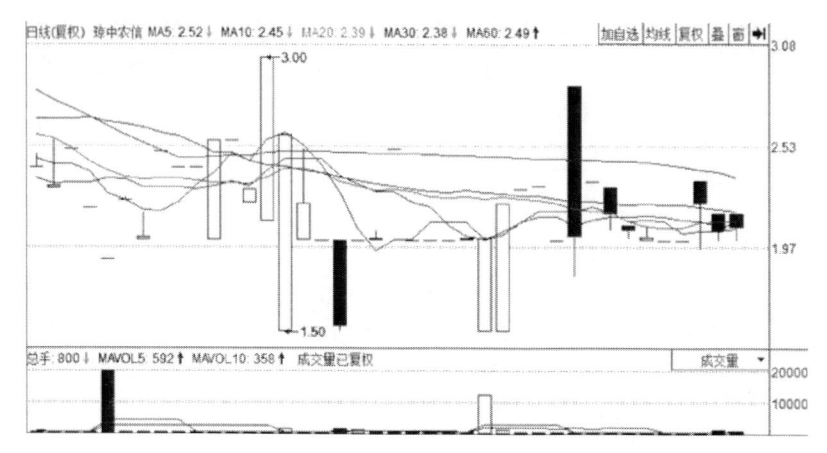

圖 1-13　瓊中農信 2016 年 1 月至 4 月的日 K 線走勢及成交量

2 金融機構成長性評價方法

2.1 金融機構成長性研究的理論基礎

新三板掛牌金融機構成長性研究的理論基礎主要來自於兩方面，一是企業內生成長理論的支撐，二是學術界對中國中小金融機構發展的相關研究。金融機構的本質歸根究柢屬於企業，因此研究金融機構的成長性，就是研究以貨幣資本為產品的特殊企業的成長性問題。而現今國內外在對企業成長問題的研究上，普遍認為企業的成長動力是內生的。儘管在企業成長理論中的諸如古典經濟學的分工論、現代企業的交易成本理論以及新古典經濟學的「黑箱」理論等強調企業外部因素對企業成長起決定作用，但它們對企業成長的解釋相對有限；而資源基礎論、能力基礎論、知識基礎論和演化理論這些對企業成長性更具解釋能力的理論，均是從企業內部尋找企業成長動力來源。因此，本書在對新三板掛牌機構的成長性進行分析時，便是依據企業內生成長理論設計評價體系進行研究的。另外，在中國新三板掛牌的大部分金融機構都屬於中小型及創新型金融機構，其總體規模無法與主板市場上市的國有大型金融機構或全國股份制金融機構相比擬。所以對新三板掛牌金融機構的成長性研

究，從某種程度上來說就是對中國發展相對出眾的中小金融機構成長性進行研究，其研究樣本的分析結果對中國中小金融機構的發展情況具有一定的代表性作用。所以，本部分將從企業內生成長理論和中小金融機構發展情況兩部分對本書研究的理論基礎進行綜述。

2.1.1 企業內生成長理論

企業內生成長理論是從企業的內部因素為出發點來研究企業的成長問題，其基本論點是企業成長是內生性的，企業的內生性因素，如資源、能力、知識等，決定了企業成長的程度和範圍，是決定企業成長的主導性因素。該理論的產生源自於亞當·斯密的《國民財富的性質和原因的研究》中提及的分工對勞動生產率的促進作用，以及勞動分工是企業內生成長和效率的根源。此后，馬克思和馬歇爾分別在1860年和1920年對勞動分工和企業內生成長性之間的關係進行了理論拓展，馬克思在勞動分工中加入了寫作對生產效率的影響論證，而馬歇爾從企業內部職能部門間的差異分工角度提出了企業內部技能和知識的成長理論。以上這些理論為后來的企業內生成長理論的發展和成熟打下了基礎。綜觀該理論的發展情況，我們可將其豐富的研究成果總結為知識基礎理論、管理者理論、組織能力理論、演化理論以及資源基礎理論。

（1）知識基礎理論

知識基礎理論其實是伊迪絲·彭羅斯（Edith Penrose, 1959）對馬歇爾的企業內部成長理論進行發展的核心部分。彭羅斯認為，對企業成長性的分析，要特別重視企業內部能夠拓展其生產機會的知識累積傾向，尤其是企業成長過程中釋放出來的剩餘知識。這一知識累積的過程節約了企業稀缺的決策能力資源，在很大程度上促進了企業的成長。彭羅斯認為每個企

業的知識和能力累積都是獨特的，這表現在兩個方面：一是在企業將知識進行內部化和聯合化的過程中，正規知識被轉化為非正規和非公開的知識，即新知識的累積是通過把關聯的正式的知識以最佳的解決某一問題的方式轉化為程序化的富有針對性的意會的知識的過程；二是上述知識累積的共享往往局限於知識累積所發生的團隊，即以內部共同的經歷和行為準則為基礎。企業成長和演化過程中知識累積的這種獨特性決定了不同企業組織經濟活動具有不同的效率水平。基於知識基礎理論，管理資源被認為是企業成長最重要的限制因素，也就是說一家企業成長的前提是增加相應的管理資源。

（2）管理者理論

管理者理論關於企業成長的主要觀點是，基於現代企業所有權和控制權分離的前提，企業的經營者掌握了企業的實際控制權，從而導致這些企業的目標已經不是追求企業所有者的利潤最大化，而是追求管理者階層自身的效用最大化。由於管理者利益並不與利潤直接相關，而與企業的規模或增長密切相關，這就導致企業行為方面的新特點，即企業成長成為企業的目標，因為這符合管理者的效用函數。基於管理者理論的內容，探討決定企業成長的因素以及實現穩定增長的條件，應把追求企業成長作為企業目標，作為分析前提。

（3）組織能力理論

企業史學家錢德勒（Alfred D. Chandler, Jr.）通過對近代歐美企業管理史的實證分析，認為企業成長的動力是組織能力。而組織能力是靠企業在其歷史發展過程中，充分利用規模經濟和範圍經濟獲得的生產能力、行銷能力和管理技能，是從企業內部組織起來的物質設施、能力和人力的集合。同時，錢德勒強調了組織能力來源於企業對三方面的投資：第一是為擴大生產而進行的設備投資，這樣企業才能使其能力充分發揮，實現

規模經濟；第二是為大規模行銷進行的投資，這樣企業才能配合大規模生產和迅速增長的銷售需要；第三是由於生產、流通的擴大，企業需要增加管理人員用於監督、調節這兩個基本職能活動，而且還要為將來的生產和流通制訂計劃、分配資源而培養具有領導作用的管理人才，則需要對管理進行投資。基於組織能力理論，對企業成長的研究主要著重於分析其生產能力、行銷能力和管理技能的成長情況。

(4) 演化理論

演化理論是在演化論經濟學思想基礎上建立起來的比較完整的解釋經濟變遷的理論。它認為，企業的成長是由利潤推動的，但企業絕不是新古典經濟學所假設的利潤最大化的生產者。在不確定性條件下，企業擁有的知識是不完全的，企業只是特定時間內具有一定知識、能力和決策規則的生產者。在環境選擇機制作用下，企業現有慣例或知識基礎決定了企業成長的方向和模式，同時也決定了企業之間競爭性行為的結果。基於演化理論，企業是否會成長，取決於企業慣例是否會根據外部條件變遷或調整。一般情況下，企業將遵循已經成熟的慣例進行運作，而不是隨時計算最優解決方案。如果企業按慣例運行能夠獲得滿意的收益，則這些慣例會在一段時間保持穩定，從而也不會發生企業成長；然而，如果企業運行狀況出現了異常而使收益低於某一限度時，企業將會對慣例加以調整，這種調整則可能會引起企業的成長。

(5) 資源基礎理論

資源基礎理論實質上是對彭羅斯的企業內生成長理論的拓展。如果說彭羅斯更注重管理資源對企業成長的影響，資源基礎理論則認為企業內部的資源、知識和能力同時決定了企業成長的方向和模式。資源論的假設是，企業具有不同的有形和無形的資源，這些資源可轉變成獨特的能力，資源在企業問是不

可流動的且難以複製，這些獨特的資源與能力是企業持久競爭優勢的源泉，也是導致企業成長的因素。

2.1.2 中小金融機構發展理論的相關研究

（1）對中小金融機構涵義的界定

由於地區經濟發展水平和制度的差異，國內外對中小金融機構的定義存在一定的差異，但大部分較為偏向從金融機構自身規模、服務對象的規模、資產負債規模、分支機構覆蓋範圍、機構整體功能、信用擔保體系及社會地位、服務範圍等方面與大型金融機構相比較的大小高低程度而定。綜合起來，對中小金融機構的普遍界定，是指那些為地方政府、中小企業、農村農民、社區群體等小規模群體，或者為大規模群體的某一特定的小眾的金融需求提供金融服務的金融機構。

具體來說，中小金融機構按照業務範圍可以細分為中小商業銀行、信用社、中小信託公司、中小保險公司、中小證券公司等；按照組織形式可以細分為政策性中小金融機構、商業性中小金融機構以及其他小額信貸機構等。在現實當中，中小金融機構主要包括一些規模較小的存貸性金融機構。這些金融機構具備商業銀行的基本職能，業務主要包括存款、貸款等。

總體來說，中小金融機構主要具有以下幾個方面的特徵：

規模較小。中小金融機構在資產總額、註冊資本、職工數量等方面都處於較小的規模水平上。在現實中，考慮到不同國家或地區的情況，我們對於這個規模的界定並不清晰，或者說這是一個相對的概念。

分支機構的數量較少，甚至有些中小金融機構只有總部一個實體而無其他分支機構。中小金融機構由於資金、管理能力等方面的限制，往往僅僅在某一個特定的區域內從事經營活動，而很少在區域外設立分支機構。

中小金融機構的服務對象通常較為固定。比如，中國的城市商業銀行的服務對象往往僅局限於城市中的民營中小企業，而農村信用社則主要為農村和農民提供金融服務。

縱觀中國新三板市場中掛牌的所有金融機構，除了少數規模相對較大的證券公司和私募股權基金公司，幾乎大部分掛牌金融機構的規模、性質、經營範圍、服務對象都符合中小金融機構的一般性界定。

（2）中小金融機構的存在價值

從總量上看，由於大銀行佔有的金融資產的數量大大高於中小金融機構佔有的數量，因此，大銀行向中小企業提供的貸款的絕對數量要高於中小金融機構向中小企業提供的貸款數量。但從向中小企業貸款占金融機構總資產的比例以及向中小企業貸款占全部企業貸款的比例兩項指標來看，大銀行的比例要低於中小金融機構的比例。也就是說，大型銀行向中小企業提供貸款的傾向相對較弱。並且，與大型金融機構的經營取向不同，中小金融機構比較願意為中小企業提供融資服務。這裡除了因為它們資金少、無力為大企業融資外，還因為中小金融機構在為中小企業提供服務方面擁有信息上的優勢。一方面，中小金融機構一般是地方性金融機構，專門為地方中小企業或者小規模個人群體服務，通過長期的合作關係，中小金融機構對地方中小企業經營狀況的瞭解程度逐漸增加，這有助於解決存在於中小金融機構與中小企業之間的信息不對稱問題；另一方面，尤其對於合作性中小金融機構，即使不能真正瞭解地方中小企業的經營狀況，不能對中小企業實施有效的監督，但由於是合作性關係，為了大家的共同利益，合作組織中的中小企業之間也會實施自我監督。一般來說，這種監督要比金融機構的監督更加有效。

因此，中小金融機構的存在覆蓋了大型金融機構無法涉及

的領域，也豐富了中國多層次多樣化資本市場的建設。中小金融機構的良性成長和發展對中國資本市場的健康發展起著十分重要的作用。

（3）中小金融機構發展中的比較優勢

傅勇（2011）在其關於中國中小金融機構發展比較優勢的研究中分析指出，中國大型銀行和中小銀行在進行信貸決策時採用的決策依據可分為兩類。一類是易於編碼、量化和傳遞的硬信息，即企業財務狀況、抵押資產價值、信用級別等；另一類是難以證實與傳遞的軟信息，即企業管理人素質、品格、技能等特徵。研究證明大型銀行依據「硬信息」進行貸款決策，而中小型銀行更多地依據「軟信息」進行貸款決策，中小銀行在「軟信息」貸款決策中比大型銀行更有優勢。

中小金融機構，就是指提供較小規模的投融資渠道及其相關附加增值業務的金融機構。那麼，在進行投融資決策時，如同上述銀行在進行信貸決策一樣，中小金融機構雖然也要依據「硬信息」進行投融資決策，但在與同類別大型金融機構的業務競爭中，依據「軟信息」進行的投融資決策更具備比較優勢，即中小型金融機構更多地依靠關係型業務決策而非市場交易型業務決策來與大型金融機構進行競爭。因為大型金融機構規模大、分支多，為了避免組織中層級控制扭曲帶來的損失，就必須建立能夠在整個組織中被明確遵守、簡單易行、上下一致的業務規則；而中小金融機構因管理層次少、實行分權化管理，相較於大型金融機構，更能讓執行層靈活處理業務方式。

從交易成本的角度來看，中小金融機構的比較優勢實際上體現為信息成本優勢和代理成本優勢。中小金融機構一般是地方性的金融機構，服務特定區域，因而對當地中小型企業的經營情況更加瞭解，而且通過長期合作，對中小型企業的各種「軟信息」也十分清楚，這有助於減少金融機構支持中小企業的

信息不對稱問題。同時，中小金融機構結構簡單，相較於大型金融機構嚴格的業務章程和權責要求，中小金融機構的業務員通常擁有一定的決策權，可以有效地降低機構利用「軟信息」時產生的代理成本。與之相比，大型金融機構由於管理結構複雜、代理鏈條廠、基層分支機構獲取的「軟信息」很難以書面形式或者有效地向決策層傳遞和反饋，從而形成較高的代理成本。因此，面對不同種類信息時，不同組織結構的金融機構在收集和處理的效率上是有差距的。當信息是「軟信息」時，具備小型組織結構的金融機構占據比較優勢；而當信息是「硬信息」時，具備較大型組織結構的金融機構占據比較優勢。

從與政府關係的角度來看，中小金融機構在與地方政府的關係密切程度上是具備比較優勢的。中國新三板上市的大部分中小金融機構都具備地方性特徵。為解決地方中小企業融資難題，地方政府也大多通過政策鼓勵設立相關金融融資渠道的方式，為中小金融機構提供政府支持。而大型金融機構要麼缺乏長期的合作關係，要麼由於管理體制上與地方政府不對等，因此不具備相對的比較優勢。

在金融機構的發展格局中，不同規模的金融機構給不同規模的企業提供的金融服務的成本和效率是不一樣的。從比較優勢的角度來看，中小金融機構在為中小企業提供金融服務上具有比較優勢，而這種比較優勢更多地體現在關係型業務上。由於中小企業普遍具備不透明性，絕大多數中小企業只能向中小金融機構尋求有效的融資支持。這種雙向需求使中小金融機構能在與大型金融機構的競爭中得以發展。

2.2 金融機構成長性評價方法的對比與選擇

目前，成長性研究已經成為公司研究中一個重要的領域，通過運用合適的統計分析法對公司歷史數據進行評價和預測，一方面可以讓公司管理層更清晰地瞭解公司經營狀況，另一方面，投資者也可以更有效地做出投資決策。對新三板掛牌金融機構的成長性分析的意義也在於此，在評價的過程中，如何選擇適合金融機構經營數據評估的分析方法對得出適應性結論尤其重要。因此，本部分主要對中國常用的企業成長性評價方法進行概述，並針對各自的特點進行對比，從而選擇適用於新三板金融機構成長性評價的分析方法。

2.2.1 成長性評價方法概述

近年來中國學術界對上市公司的成長性分析方法一般都屬於綜合評價方法，即依據企業的實際統計數據（大部分為財務數據），利用某種數學模型來計算其綜合評估得分，並通過得分對比分析得出成長性高低的結論。在這一評估過程中，較為常用的評估方法主要有綜合加權評分法、二維判斷法、層次分析法、突變級數法、模糊綜合評價法以及因子分析法等。

（1）綜合加權評分法

加權評分法（Weight Grade Method）是一種綜合考慮多因素的評價方法。其運用方式是首先找到分析目標的各種影響因素，根據各因素的重要程度確定相應的權重，然後對各因素由優到劣分成等級，並相應規定各等級的分數，最后將每個因素中各方案的排隊等級分數乘以該因素的相應權數，得到各候選方案的總得分，按得分排序擇優選擇目標方案。而綜合加權評分法

便是基於加權評分法衍生出的一種常用於企業成長性分析的方法，它用於評價指標無法用統一的量綱進行定量分析的場合。

在運用綜合加權評分法評價企業成長性時，首先採用數據標準化方法對已選取的成長性指標初始數據進行無量綱處理，比如採用極差化方法對定量指標進行標準化處理，從而使數據處理后均能分佈在一個統一的區間內。其次，根據主客觀賦權相結合的方法，即權重系數的確定的方法，針對不同指標的重要性程度賦予相應的權重，其中，主觀賦權是根據評價者或相關專家的經驗判斷給定權重，而客觀賦權則是根據評價指標的實際觀察值的重要程度賦予權重。最后，便是在建立的評價指標體系和評價指標重要性系數的基礎上，運用加權評分法構建中小上市公司成長性評價模型，即採用加權平均方法計算最終的企業成長性綜合評價得分。

（2）二維判斷法

二維判斷法，就是指從空間和時間兩方面同時考察企業的變動情況。空間方面是指，正確反應企業在本行業試點狀態所處的地位；時間方面是指，考慮一段時間內企業連續成長的速度和質量。

使用二維判斷法評價企業成長性的基本原理為，在確定各指標狀態值及標準分值的基礎上，首先測算評估期前 n 年企業各指標的平均數值，並確定平均分值，考察企業以往（評估期前 n 年）的發展狀況；然后根據企業評估期某一指標的實際值，測算企業該指標的行業比較得分，考察企業該項指標在同行業（或全產業）所處的地位；據此再計算該指標行業（全產業）比較得分與前 n 年平均分值的比值，考察企業該指標在整個測評期內的成長狀態；最后將各指標的比值加總得出綜合成長指數，從整體上反應企業的成長狀況。

(3) 層次分析法

層次分析法（The Analytic Hierarchy Process，簡稱 AHP），是由美國運籌學家托馬斯·塞蒂提出的一種定性和定量相結合的、系統化、層次化的分析方法。該方法的基本原理是，首先建立層次結構模型，即將複雜問題中的各因素（比如企業成長性的財務及非財務影響因素）按不同屬性自上而下地分解成若干層次，形成相互聯繫的有序遞階層次結構，即同一層的諸因素從屬於上一層的因素或對上層因素有影響，同時又支配下一層的因素或對下層因素有作用；其次是構建判斷矩陣，使用幾何平均法或規範列平均法對某一層次元素的相對重要性賦予定量化的度量；隨后依據數學方法推算出各個元素的相對重要性權重和排序；最后，在遞階結構內進行合成而得到決策因素相對於目標的重要性的總順序。

(4) 突變級數法

突變級數法是一種對評價目標進行多層次矛盾分解，然后利用突變理論與模糊數學相結合產生突變模糊隸屬函數，再由歸一公式進行綜合量化運算，最后歸一為一個參數，即求出總的隸屬函數，從而對評價目標進行排序分析的一種綜合評價方法。該方法的特點是沒有對指標採用權重，但它考慮了各評價指標的相對重要性，從而減少了主觀性，且不失科學性、合理性，而且計算簡易準確，其應用範圍廣泛。

在對企業成長性評價的應用中，突變級數法評價模型的基本原理為：①組織評價目標體系。對企業成長性的評價指標體系組織成一個多層次的評價目標結構，並進行指標重要性的排序，重要指標居前、次要指標居后。②確定評價目標體系各層次的突變系統類型，其中最常見的突變系統類型有尖點突變系統、燕尾突變系統和蝴蝶突變系統三種類型。若一個指標僅僅分解為兩個子指標，該系統可視為尖點突變系統；若一個指標

可分解為三個子指標，該系統可視為燕尾突變系統；若一個指標能分解為四個子指標，該系統可視為蝴蝶突變系統。③確定好企業成長性各層次評價指標的突變系統類型后，則可利用歸一公式對其進行評價排序，即計算各被評價企業最底層評價指標的控制變量的突變級數，取其作為上一層評價系統各指標的控制變量，再按此類推計算各企業評價單位上一層指標控制變量的突變級數，最后以取級數的方式得到各被評價單位的企業成長性評價總得分，從而對成長性情況進行比較。

（5）模糊綜合評價法

模糊綜合評價法是一種基於模糊數學的綜合評標方法。該方法根據模糊數學的隸屬度理論把定性評價轉化為定量評價，即用模糊數學對受到多種因素制約的事物或對象做出一個總體的評價。它具有結果清晰、系統性強的特點，能較好地解決模糊的、難以量化的問題，適合各種非確定性問題的解決。

運用模糊綜合評價法對企業成長性進行評價的基本步驟為：①建立因素集，即建立影響企業成長性的相關因素（如償債能力、盈利能力、風險水平等），並在每個因素下設立相關從屬指標（如償債能力因素下可包含長期負債比率、營運資金對總資金的比率等指標）。②建立評語集，即對每個指標設置統一的評語體系，比如「高、較高、一般、低」四級評語體系，並設立每個級別的相應分值。③接下來便是對權重集的確定，即根據每一層次中的各個成長性指標的重要程度，分別賦予相應的權數。④建立適合的隸屬函數從而構建評價矩陣。所謂隸屬度，是指元素屬於一個集合的程度，該程度一般用［0，1］上的數值表示，數值越接近零說明隸屬度越小，反之則越大。⑤評價的最后一步是採用適合的合成因子對將評價矩陣與權重進行合成，並對結果向量進行解釋，從而對照評語集，判斷企業成長性情況。

（6）因子分析法

因子分析法是一種從研究相關矩陣內部的依賴關係出發，把一些信息重疊、具有錯綜複雜關係的變量歸結為少數幾個不相關的綜合因子的一種多元統計分析方法。它通過顯在變量測評潛在變量，通過具體指標測評抽象因子，研究如何以最少的信息丟失，將眾多原有變量濃縮成少數幾個因子，並使因子具備命名解釋性。因此，在研究企業成長性時，因子分析法可以從關係複雜的成長性評價指標中提取少數幾個主要因子，每一個主要因子都能反應相互依賴的成長性指標間的共同作用，通過分析這些主要因子便能對複雜的企業成長性評價問題進行深入分析、合理解釋和正確評價。

使用因子分析的核心問題有兩個，即如何構造因子變量，與如何對因子變量進行命名解釋。其基本分析思路為：首先使用統計檢驗確認待分析的原變量是否適合作因子分析；其次構造因子變量，比如採用主成分法來提取主因子；接下來利用旋轉方法使因子變量更具有可解釋性；最后採用合適的估計法計算因子得分，並以各因子的方差貢獻率為權重，由各因子的線性組合得到綜合評價指標函數，從而形成綜合排名分析。

2.2.2 成長性評價方法的優劣勢對比

上述六種在學術界常用於企業成長性評價的統計分析方法均有各自的長處；但同時也都存在一定的缺陷，使評價結果在一定程度上不夠客觀或不科學，從而降低成長性評價的準確性。本部分主要對上述六種評價方法進行優劣勢對比，並針對新三板掛牌金融機構的成長性指標特點，擇優選擇最為合適的分析方法，對其相應指標進行評價。

表 2-1　　　　　　　成長性評價方法優劣勢對比

評價方法	優勢	劣勢
綜合加權評分法	簡便、易於計算	未能區分指標的不同性質，會導致計算出的綜合指數不盡科學；一般只考察一年的狀況，不能動態地反應企業發展的變動狀況；忽視了權數作用的區間規定性
二維判斷法	準確地確定了指標權數作用的區間，而且較妥善地解決了狀態指標的科學評估問題；該方法選取企業評估期前 n 年的指標數據，尊重了企業發展的連續性，使時點評估與動態評估合為一體，從而較客觀地反應了企業自身成長的變動狀況；若 n 的取值越大，連續區間越長，則可排除中小企業創業初期高成長或高死亡等不穩定期的許多變異因素，可以保證評估結果的準確性；反應的企業評估期在本行業（或全產業）的地位，實際是一種動態的地位，結合企業自身的評估結果，可以較準確地反應企業未來的發展趨勢	這種方法在確定標準分值上仍存在較多的人為因素，只能靠充分調查、分析和徵詢專家的意見，盡可能避免人為失誤；計算過程比較繁瑣，需要的數據量非常龐大

表2-1(續)

評價方法	優勢	劣勢
層次分析法	分析具備系統性特點，不割斷各個因素對結果的影響，而且在每個層次中的每個因素對結果的影響程度都是量化的，非常清晰明確； 簡潔實用，計算簡便，不需要高深的數學作為支撐； 主要是從評價者對評價問題的本質、要素的理解出發，比一般的定量方法更講求定性的分析和判斷	只能從備選方案中選擇較優者，不能為決策提供新方案； 定量數據較少，定性成分多，不易令人信服； 當指標過多時會造成數據統計量大，且權重難以確定，且很難通過人為的定性思維判斷指標的重要性程度； 特徵值和特徵向量的精確求法比較複雜
突變級數法	考慮了各評價指標的相對重要性，從而減少了主觀性，且不失科學性、合理性； 計算簡易準確，其應用範圍廣泛	不考慮因子權重的問題； 無法辨別主要影響因子的作用； 在使用時更多地需要結合主成分因子分析法使用
模糊綜合評價法	能定量處理影響評價的指標因素，使評價結果更符合客觀實際，更為合理； 對一些定性的評價判斷，如「高、中、低」等可以更好地進行量化處理，能較好地模擬人的思維； 能進行多級模糊綜合判斷，使人的主觀因素限制在單一的很小的範圍之內，從而使得主客觀的差異減少，保證評價結果的準確性	它是一種間接分析方法，為求出各因素的隸屬函數，必須把各項指標值進行特徵化處理，給評價帶來誤差； 模糊因素權重的確定受決策者的主觀影響較大，應當結合其他方法客觀地確定因素的權重，減少由於決策者的主觀因素所導致的誤差
因子分析法	它不是對原有變量的取捨，而是根據原始變量的信息進行重新組合，可以找出影響變量的共同因子，化簡數據； 它通過旋轉使得因子變量更具有可解釋性，命名清晰性高	計算因子得分時，採用的是最小二乘法，此法有時可能會失效

2.2.3　掛牌金融機構成長性評價方法的選擇

通過表2-1的優劣勢對比發現，在六種常用評價方法中，綜合加權評分法最為簡單，但它只能靜態地考慮一年的企業狀況，無法對新三板金融機構的發展趨勢做出判斷；二維判斷法雖然在指標選取上側重於動態評估，但在確定標準分值方面需要人為充分調查以及專家意見，如果選取的企業樣本數量較大，則人為調查和專家意見會降低分析效率，且並不能更多地增加評分的準確性；層次分析法相較於其他分析方法較為注重定性分析，且在對指標的重要性程度判斷上，與二維判斷法一樣過於注重決策者的主觀判斷，會減弱評價的客觀性；突變級數法相較於其他分析方法，在使用上簡潔又不失科學，但在確定突變評價指標體系時，沒辦法檢驗指標的有效性，需要附加使用主成分因子分析來對選擇的初始指標進行檢驗，否則指標的選擇就具備主觀性；模糊綜合評價法是基於模糊數學的統計分析方法，它雖然相較於其他方法來說能更好地模擬人的思維，使主觀評價部分更為合理客觀，但和突變級數法一樣需要結合其他統計分析法才能減少由於決策者的主觀因素所導致的誤差，這樣會使評價方法顯得過於複雜；最后，因子分析法是所有方法中最廣泛運用於企業成長性評價的方法，其最重要的特點就是使因子變量具備可解釋性，但缺點就是採用最小二乘法計算因子得分會使評價結果失效。

綜上所述，后四種方法，即層次分析法、突變級數法、模糊綜合評價法、因子分析法在評價過程和效果上的科學性和合理性要明顯優於加權評分法、二維判斷法。又由於對於掛牌金融機構的成長性分析來說，財務因素與非財務因素並重，基於財務數據的定量分析在成長性分析中有較為重要的作用，因此

注重定性分析的層次分析法在這方面是不可取的。最后，突變級數法和模糊綜合評價法的使用需要結合使用額外的統計分析方法，這為評估模型帶來了一定的複雜性。

因此，本書對新三板掛牌金融機構成長性評價選取的分析方法為因子分析法，相較於其他方法而言，因子分析法既能減少參與數據分析的變量個數，也不會造成統計信息的大量浪費和丟失，還能再現變量之間的內在聯繫。但在評價中為了消除最小二乘法（普通線性迴歸參數估計方法）計算因子得分而導致的方法失效這一缺陷，在 SPSS 軟件的因子分析模塊中，還可選擇巴特利特法（Bartlett）和安德森-魯賓法（Anderson-Rubin）來計算因子得分，這兩種方法可以在採用迴歸法計算因子得分失效時作為補充。

2.3　金融機構成長性評價方法的設計

金融機構成長性評價方法主要分為兩個步驟：一是對指標體系的設計環節，需要按照科學性、整體性、可行性、可比性的原則選擇最能反應金融類企業成長性的相關指標構建指標體系；二是選擇適當的評價模型及分析步驟對指標進行綜合評價分析。

2.3.1　金融機構成長性指標體系的構建

2.3.1.1　金融機構成長性評價指標體系的構建原則

在構建金融機構成長性評價指標體系時，要注意指標的選擇與構建要滿足以下原則：

（1）科學性原則

指標體系的構建應以金融機構成長影響因素相關理論為依

據，根據指標間邏輯聯繫設計指標體系，使評價結果能夠客觀地反應新三板掛牌金融機構成長性情況及存在的問題。

（2）系統性原則

指標體系是一個全面系統的有機整體，應符合要素優化組合的要求：目標一致；指標獨立，邊界清晰；指標體系結構合理，層次分明；指標全面、完整；指標精簡。

（3）可比性和可操作性原則

可比性，就是指所選取的評價指標具有普遍的統計意義，從而使評價結果實現金融機構間在橫向和縱向上的比較；可操作性，是指從中國新三版掛牌金融機構的實際情況出發，既要保證滿足評價目的的需要，又要使得評價指標的概念足夠清晰，表達方式簡明易懂，數據易於採集，數據來源客觀、全面、可靠。

（4）導向性原則

導向性是指通過評價不僅能夠科學反應新三板掛牌金融機構的成長情況，更重要的是通過評價能夠找出掛牌金融機構成長性存在的不足，從而為投資者的投資決策及掛牌金融機構自身的完善提供依據。

2.3.1.2　新三板掛牌金融機構成長性評價指標體系設計

由於新三板掛牌金融機構相較於其他掛牌非金融類企業，在經營對象、經營內容方面有著自己的特殊性，同時，相較於在主板上市的金融機構，其又在企業規模、金融業務資質資格等方面有所不同。因此，在選擇新三板掛牌金融機構成長性指標時，首先要考慮哪些指標是能客觀、準確反應金融機構成長狀況以及成長特點的；其次要從整體與全局上考慮不同指標之間是否具備內在聯繫。同時要注意，指標的選擇能使成長性評價結果既能滿足不同金融機構之間的橫向比較，又能滿足企業自身縱向比較的需求。

基於上述要求，結合各類金融機構經營原則的共性，並在

參考金融機構財務績效評價的相關指標以及中小上市公司成長性評價指標體系的基礎上，對新三板掛牌金融機構進行成長性指標體系設計，具體體現為一級指標、二級指標、三級指標組成的三層評價體系（如表2-2所示）。

表2-2　新三板掛牌金融機構成長性評價指標體系

一級指標	二級指標	三級指標	指標描述
金融機構成長性	企業規模	資產總額（萬元）	金融企業擁有或可控制的能以貨幣計量的經濟資源，包括各種財產、債權和其他權利。一般按資產負債表中的總資產額度來統計
		員工總數	統計期內掛牌金融機構公開披露的員工數
		營業總收入（萬元）	金融企業在從事投融資服務、結算服務、諮詢服務及其他金融相關服務取得的利息、利差補貼、手續費、價差等收入，以及提供勞務和讓渡資產使用權等日常經營業務過程中所形成的經濟利益的總流入

表2-2(續)

一級指標	二級指標	三級指標	指標描述
金融機構成長性	盈利能力	淨資產收益率（%）	企業稅後利潤（淨利潤）與平均股東權益（平均淨資產）的比值，該指標值越高，說明投資帶來的收益越高；其越低，說明企業所有者權益的獲利能力越弱。該指標體現了自有資本獲得淨收益的能力
		總資產收益率（%）	企業淨利潤與總資產的比值。該指標集中體現了資產運用效率和資金利用效果之間的關係，在企業資產總額一定的情況下，利用總資產收益率指標可以分析企業盈利的穩定性和持久性
		營業利潤率（%）	企業的營業利潤與營業收入的比率。它是衡量企業經營效率的指標，反應了在考慮營業成本的情況下，企業管理者通過經營獲取利潤的能力。該指標值越高，說明企業盈利能力越強，反之則越弱
		成本費用利潤率（%）	企業的利潤總額與成本、費用總額的比率。該指標表明企業每付出一元成本費用可獲得多少利潤，體現了經營耗費所帶來的經營成果。該項指標值越高，利潤就越高，說明企業的經濟效益越好

表2-2(續)

一級指標	二級指標	三級指標	指標描述
金融機構成長性	成長潛力	營業收入增長率(%)	企業營業收入增長額與上年營業收入總額的比率。該指標是衡量企業經營狀況和市場佔有能力、預測企業經營業務拓展趨勢的重要標志。該指標值越高,表明增長速度越快,企業市場前景越好;若該指標值小於0,則說明存在產品或服務不適銷對路、質次價高等方面問題,市場份額萎縮
		淨利潤增長率(%)	企業淨利潤增長額與上年淨利潤的比率。該指標反應了企業實現價值最大化的擴張速度,是綜合衡量企業資產營運與管理業績以及成長狀況和發展能力的重要指標
		總資產增長率(%)	企業總資產增長額同上年資產總額的比率,反應企業本期資產規模的增長情況。該指標值越高,表明企業一定時期內資產經營規模擴張的速度越快
		每股收益增長率(%)	企業每股收益增長額與上年每股收益的比率,其中,每股收益即每股盈利(EPS),指稅后利潤與股本總數的比率。該指標反應了每一份公司股權可以分得的利潤的增長程度,指標值越高,公司未來成長潛力越大。需要注意的是,每股收益增長率在公司扭虧為盈和由盈轉虧或起始年度每股收益極低的時候會失去指導意義
		資本累積率(%)	企業本年所有者權益增長額同上年所有者權益的比率。該指標反應企業所有者權益在當年的變動水平。該指標值越高,表明企業的資本累積越多,企業資本保全性越強,應付風險、持續發展的能力越強;若該指標值為負,表明企業資本受到侵蝕,所有者利益受到損害,應予以充分重視

表2-2(續)

一級指標	二級指標	三級指標	指標描述
金融機構成長性	流動性	流動性覆蓋率(%)	金融機構優質流動性資產儲備與未來30日的資金淨流出量的比率。該指標反應金融企業在確保在設定的嚴重流動性壓力情景下，能夠保持充足的、無變現障礙的優質流動性資產，並通過變現這些資產來滿足未來30日的流動性需求。其指標值要符合中國相關金融監管部分所規定的硬性要求
		淨穩定資金比率(%)	金融機構可用的穩定資金與業務所需的穩定資金的比率。該指標用來衡量1年內擁有的可作為穩定資金來源的資產，是否可以覆蓋表內外的風險敞口
	安全性	資產負債率(%)	企業負債總額與資產總額的比率。該指標反應了在企業的全部資產中由債權人提供的資產所占比重的大小，體現了債權人向企業提供信貸資金的風險程度。一般認為，資產負債率的適宜水平是40%~60%，但金融機構資產負債率一般水平相對偏高，而對於銀行類金融機構的資產負債率在90%以下均為正常的水平
		產權比率(%)	企業負債總額與所有者權益總額的比率。該指標表明由債權人提供的和由投資者提供的資金來源的相對關係，反應企業基本財務結構是否穩定，是衡量企業負債經營是否安全有利的重要指標

在上述指標體系中，一級指標「金融機構成長性」為目標層，它包含的「企業規模」「盈利能力」「成長潛力」「流動性」「安全性」5個二級指標為要素層，而隸屬不同二級指標的15個三級指標為具體層。

企業規模是指對企業生產、經營等範圍的劃型。雖然相較

於主板上市金融機構，在新三板掛牌的金融機構均屬於中小微型金融機構，但機構之間的規模還是有巨大的差異的。中國2011年制定的企業規模的劃分標準，主要是從營業收入和員工人數兩個方面來進行大中小企業的劃分；同時，由於金融企業的特殊性，中國於2015年出抬了《金融業企業劃型標準規定》，明確規定金融類企業採用一個完整會計年度中四個季度末法人並表口徑的資產總額（信託公司為信託資產）平均值作為劃型指標，該指標以監管部門數據為準。因此，企業規模三級指標同時選取了資產總額、員工總數、營業總收入作為共同評價規模發展狀況的指標。

　　盈利能力是指企業在一定時期內獲取利潤的能力，也表現為企業的資金或資本增值能力。它反應了企業期間內的經營狀況，通過盈利能力分析，一方面可以衡量企業一段時期內的業績好壞，另一方面也能發現經營中存在的主要問題，從而盈利能力是衡量企業成長狀況的重要標準。對於金融機構的盈利能力，我們選取了淨資產收益率、總資產收益率、營業利潤率以及成本費用率四個指標分別考察金融機構在投資收益、盈利的穩定性、利潤狀況以及成本費用邊際效益四方面的業績狀況。並且，基於時間維度上的考慮，指標需要反應企業連續成長的速度和質量，因此，盈利能力的三級指標均取三年平均值（或統一取兩年均值），從而消除指標的短期波動的影響，反應了企業較長時期內的盈利能力狀況。

　　成長潛力（或成長能力）主要是考察企業通過逐年收益增加或通過其他融資方式獲取資金擴大經營的能力。為了說明金融機構營業利潤、資產、所有者權益在未來的擴展能力，本書主要選取了營業收入增長率、淨利潤增長率、總資產增長率、每股收益增長率以及資本累積率五個指標來進行評價。由於金融機構是以貨幣資金運作為主營業務的，因此會存在負債占比

高於一般非金融類企業的情況，並且由於不存在實物生產，涉及固定資產比重的部分也相對較小，因此在選擇金融機構成長潛力指標時，突出利潤、總資產與淨資產的成長，而未把舉債經營狀況作為主要指標。該三級指標在進行分析時同樣使用三年年均數據（或統一取兩年均值）。

流動性管理及風險控制是金融機構營運中的重點。金融機構作為市場仲介和貨幣政策的傳導途徑，不僅能為實體經濟輸送流動性，其本身的發展和管理也極其依賴流動性。流動性是金融機構正常經營的前提條件，也是其安全性的重要保證。不同類型的金融機構對流動性的依賴程度有略微的差別，比如商業銀行比其他非銀行類金融機構對流動性的依賴性更大。一般企業偏好使用流動比率來反應資金的流動性，但在金融業中，部分機構如銀行和證券在資產負債表中不要求反應流動資產和負債，因此無法按一般企業要求計算流動比率。考慮金融機構的特殊性，並結合《巴塞爾協議Ⅲ》和中國頒布的《證券公司流動性風險管理「指引」》中對金融機構流動性監管制定的標準，本書選取流動性覆蓋率和淨穩定資金比率作為金融機構流動性風險的衡量指標。中國現階段對銀行業和證券業在這兩項指標的要求均為不低於100%。

安全性指標一般是衡量企業財務運轉的安全性與穩健性。相較於一般企業而言，金融機構的發展更注重安全性，因為金融機構一旦出現經營不善而導致的危機，有可能對整個金融體系或是整個經濟生態環境的穩健運行構成威脅，甚至會引發嚴重的社會或政治危機，故將安全性指標作為一項衡量標準列入金融機構成長性評價體系中。一般安全性指標包含資本充足率、資產負債率、不良貸款率等。但為了保證銀行類和非銀行類金融機構之間以及銀行業存款及非存款類金融機構之間的可比性，本書選擇金融機構所共有的資產負債率和產權比率兩種指標來

反應企業成長中的安全性和潛在風險問題。

2.3.2 基於因子分析的金融機構成長性評價方法

2.3.2.1 因子分析的基本原理

在對某一個問題進行論證分析時，採集大量多變的數據能為研究分析提供更加豐富的信息以及增加分析的精確度。然而，多變量的處理不僅需要巨大的工作量，並且可能會因為變量之間存在相關性而增加了被研究問題的複雜性。而因子分析法的基本思想就是將觀測變量進行分類，將相關性較高、聯繫比較緊密的分在同一類，而不同類變量之間的相關性則較低，那麼每一類變量實際上就代表了一個基本結構，即公共因子。由此，對於所研究的問題就試圖用最少個數的不可測的公共因子的線性函數與特殊因子之和來描述原來觀測的每一分量。這樣，就能相對容易地以較少的幾個因子反應原資料的大部分信息，從而達到濃縮數據、以小見大、抓住問題本質和核心的目的。

因子分析法的核心是對若干綜合指標進行因子分析並提取公共因子，再以每個因子的方差貢獻率作為權數與該因子的得分乘數之和構造得分函數。設原有變量用 k（$k<p$）個因子 f_1, f_2, $\cdots$, f_k 的線性組合來表示：

$$x_1 = \alpha_{11}f_1 + \alpha_{12}f_2 + \alpha_{13}f_3 + \cdots + \alpha_{1k}f_k + \beta_1$$
$$x_2 = \alpha_{21}f_1 + \alpha_{22}f_2 + \alpha_{23}f_3 + \cdots + \alpha_{2k}f_k + \beta_2$$
$$x_3 = \alpha_{31}f_1 + \alpha_{32}f_2 + \alpha_{33}f_3 + \cdots + \alpha_{3k}f_k + \beta_3$$
$$\cdots\cdots$$
$$x_p = \alpha_{p1}f_1 + \alpha_{p2}f_2 + \alpha_{p3}f_3 + \cdots + \alpha_{pk}f_k + \beta_p$$

上式為因子分析的數學模型，也可以用矩陣的形式表示為 $X = AF + \varepsilon$。其中，X 是可實測的隨機向量，即原始觀測變量；F 是 X 的公共因子，即各個原觀測變量的表達式中共同出現的因子，是相互獨立的不可觀測的理論變量。A 是公共因子 F 的

系數，稱為因子載荷矩陣，而上式中的 a_{ij} 為因子載荷，是第 i 個原有變量在第 j 個因子上的負荷，或可將 α_{ij} 看作第 i 個變量在第 j 個公共因子上的權重。而 ε 是 X 的特殊因子，是不能被前 k 個公共因子包含或解釋的部分，這種因子也是不可觀測的。

因子分析的基本思想是通過對變量的相關係數矩陣內部結構的分析，從中找出少數幾個能控制原始變量的隨機變量 f_i（$i=1,2,\cdots,k$）。選取公共因子的原則是使其盡可能多地包含原始變量中的信息，建立模型 $X=AF+\varepsilon$，忽略特殊因子 ε，以 F 代替 X，用它再現原始變量 X 的信息，達到簡化變量降低維數的目的。

2.3.2.2 成長性指標的選擇與編號

按照表2-2構建的成長性指標體系，同時要消除不同類型金融機構財務指標之間的差異，本書將從成長性指標體系中選取13個指標進行因子分析，排除了流動性覆蓋率和淨穩定資金比率。因為在對131家新三板掛牌金融機構的數據收集中，僅有存款類銀行機構和證券機構能提供上述兩項指標的原始數據。另外，考慮到大部分中小型金融機構僅有三年數據，在對各項比率指標進行均值統計時，收益率類指標取三年均值，而增長率指標取兩年均值進行統計（被選用的指標名稱及公式如表2-3所示）。

表2-3　新三板掛牌金融機構成長性指標的選擇

指標編號	指標名稱	指標公式與取值說明
X1	資產總額	取2015年年末資產負債表數據
X2	員工總數	取全國中小企業股份轉讓系統公布的公司員工數據
X3	營業總收入	取2015年年末利潤表數據

表2-3(續)

指標編號	指標名稱	指標公式與取值說明
X4	3年年均淨資產收益率	淨資產收益率 = $\dfrac{淨利潤}{淨資產} \times 100\%$
X5	3年年均總資產收益率	總資產收益率 = $\dfrac{淨利潤}{總資產} \times 100\%$
X6	3年年均營業利潤率	營業利潤率 = $\dfrac{營業利潤}{營業收入總額} \times 100\%$
X7	3年年均成本費用利潤率	成本費用利潤率 = $\dfrac{營業利潤}{成本費用總額} \times 100\%$
X8	營業收入2年年均增長率	營業收入年均增長率 = $\left(\sqrt[n]{\dfrac{當年年末營業收入總額}{n年前年末營業收入總額}} - 1 \right) \times 100\%$
X9	淨利潤2年年均增長率	淨利潤年均增長率 = $\left(\sqrt[n]{\dfrac{當年年末營業收入總額}{n年前年末營業收入總額}} - 1 \right) \times 100\%$
X10	總資產2年年均增長率	總資產年均增長率 = $\left(\sqrt[n]{\dfrac{當年年末資產總額}{n年前年末資產總額}} - 1 \right) \times 100\%$
X11	每股收益2年年均增長率	每股收益年均增長率 = $\left(\sqrt[n]{\dfrac{當年每股收益}{n年前每股收益}} - 1 \right) \times 100\%$
X12	淨資產2年年均增長率(資本累積率)	淨資產年均增長率 = $\left(\sqrt[n]{\dfrac{當年年末所有者權益總額}{n年前年末所有者權益總額}} - 1 \right) \times 100\%$
X13	3年年均資產負債率	資產負債率 = $\dfrac{負債總額}{資產總額} \times 100\%$

2.3.2.3 成長性指標因子分析法的基本步驟

（1）數據統計與處理

基於新三板掛牌金融機構的成長性特徵構建的指標體系，根據全國中小企業股份轉讓系統的金融機構分類標準，分別統計銀行業、證券期貨業、保險業和其他類金融機構的指標數據。數據統一來自於同花順行情軟件收集整理的全國中小企業股份轉讓系統發布的市場數據以及掛牌金融機構公布的財務報表數據。

由於部分新三板掛牌金融機構成立期間剛滿三年，在計算增長率指標時，會存在第一年指標缺失的情況，同時，部分指標屬於負向指標或適度指標（如資產負債率），因此要進行缺失與正向化處理。在處理過程中，針對缺失的數據，採用插值法[①]進行填補；針對負向指標（指標值越大、成長性越差）一般採用原始變量的負數或者倒數來進行正向化；若是適度指標，則可選擇公式 $x'_k = -|x_y - k|$ 對指標進行正向化處理，其中，x_y、k 分別為原始值與最佳值。

（2）對樣本原始數據進行統計檢驗

因子分析的主要任務是將原有變量的信息重疊部分提取和綜合成因子，進而最終實現減少變量個數的目的。故它要求原始變量之間應存在較強的相關關係。進行因子分析前，通常可以採取計算相關係數矩陣、巴特利特球度檢驗和 KMO 檢驗等方法來檢驗候選數據是否適合採用因子分析法。

KMO（Kaiser-Meyer-Olkin）檢驗統計量是用於比較變量間簡單相關係數和偏相關係數的指標。KMO 統計量的取值在 0 和

[①] 插值法又稱「內插法」，是利用函數 $f(x)$ 在某區間中已知的若干點的函數值，做出適當的特定函數，在區間的其他點上用這特定函數的值作為函數 $f(x)$ 的近似值，這種方法稱為插值法。如果這特定函數是多項式，就稱它為插值多項式。

1之間。當所有變量間的簡單相關係數平方和遠遠大於偏相關係數平方和時，KMO值接近1，KMO值越接近於1，意味著變量間的相關性越強，原有變量越適合做因子分析；當所有變量間的簡單相關係數平方和接近0時，KMO值接近0，KMO值越接近於0，意味著變量間的相關性越弱，原有變量越不適合做因子分析。Kaiser給出了常用的KMO度量標準（如表2-4所示）：0.9以上表示非常適合；0.8表示適合；0.7表示一般；0.6表示不太適合；0.5以下表示極不適合。

表2-4　　　　　　　　KMO度量標準

檢測類別	值的範圍	因子分析適合情況
KMO值	>0.9	非常適合
	0.8~0.9	很適合
	0.7~0.8	適合
	0.6~0.7	不太適合
	0.5~0.6	勉強合適
	<0.5	不適合
Bartlett Sig.	｜0.01	適合

巴特利特球度檢驗（Bartlett's Test of Sphericity）的統計量是根據相關係數矩陣的行列式得到的。如果該值較大，且其對應的相伴概率值小於顯著性水平，那麼應該拒絕零假設，認為相關係數矩陣不可能是單位陣，即原始變量之間存在相關性，適合於做因子分析；相反，如果該統計量比較小，且其相對應的相伴概率大於顯著性水平，則不能拒絕零假設，認為相關係數矩陣可能是單位陣，不宜做因子分析。

（3）構造因子變量

將原有變量綜合成少數幾個因子是因子分析的核心內容，

它的關鍵是根據樣本數據求解因子載荷陣，而因子載荷陣的求解方法可以基於主成分模型的主成分分析法、基於因子分析模型的主軸因子法、極大似然法等。在本文中，主要按特徵值大於 1 的標準，採用因子分析中的主成分分析法來提取影響掛牌金融機構成長性的主因子。

主成分分析法（Principal Components）旨在利用降維的思想，把多指標轉化為少數幾個綜合指標（即主成分），其中每個主成分都能夠反應原始變量的大部分信息，且所含信息互不重複。也就是從表 2-2 羅列的多項新三板掛牌金融機構成長性三級指標中，提取出幾個能包含所有三級指標內容的因子用作成長性評價。該方法假設三級指標變量是因子的純線性組合，第一成分有最大的方差，后續的成分其可解釋的方差逐個遞減。基於 SPSS 統計分析軟件，可以通過對數據處理輸出因子碎石圖來幫助確定主因子的數量。因子碎石圖顯示降序的與分量或因子關聯的特徵值以及分量或因子的數量，用在主分量分析和因子分析中，以直觀地評估哪些分量或因子占數據中變異性的大部分。一個典型的因子分析碎石圖是一條陡曲線，接著是一段彎曲線，然后是一條平坦或水平的線。X 軸表示可能的因子數，在整個曲線下降的過程中，理論上會存在一個臨界點，該點處曲線出現明顯的彎折，該點對應的 X 軸的數字即應保留的因子數。可理解為，因子碎石圖的曲線中，斜率明顯較大的因子，其特徵差值也相對較大，故可提取為主因子，而處於平緩折線處的因子斜率很小，特徵差值也較小，故可以忽略。

（4）建立因子載荷矩陣並對因子進行命名和解釋

在 SPSS 統計軟件中，可以通過因子旋轉方法對主因子進行更好的解釋。在對因子進行旋轉時，採用方差最大旋轉法對因子載荷矩陣實行正交旋轉。它使每個因子具有最高載荷的變量數最小，因此可以簡化對因子的解釋。旋轉后的因子載荷矩陣

能表現出每一個主因子在各變量上的系數情況，按系數從高到低挑選最大的幾個系數對應的變量是屬於哪一類成長性指標，則可根據對主因子貢獻最大的變量屬性對該因子進行命名解釋。

（5）計算因子得分和綜合評價得分排名

一般情況下，採用迴歸法估計因子得分系數，並用軟件輸出因子得分系數矩陣，根據因子得分系數矩陣構建各因子的得分函數，並可對每家金融機構在不同因子上的得分對影響其成長的因素進行分析。以各因子所對應的貢獻率作為權重進行加權求和，從而得到對每家金融機構成長性的綜合評價得分，即可從各主因子得分情況和綜合評分情況中，分析在金融機構成長性評價中，金融企業的哪項能力是對其成長性影響最大的，從而應得到企業更多的重視。同時也可全面地瞭解在中國新三板市場掛牌的銀行類、證券期貨類、保險類等金融機構的總體成長情況，是否存在成長性差異較大、發展不均衡等現象，還可以瞭解在中國新三板市場上市的金融機構總體質量情況。

3 銀行類掛牌金融機構的成長性

3.1 銀行類掛牌金融機構概況

按照全國中小企業股份轉讓系統的分類標準，截至2016年2月，在新三板掛牌的歸屬銀行業的金融機構一共有66家，其中貸款公司占據主導地位，共46家；其次是擔保公司，共計11家；再次是金融租賃公司，共計6家；而在新三板掛牌的銀行業存款類機構僅4家，包括2家銀行、1家信用合作社。

3.1.1 掛牌銀行及信用合作社

在新三板掛牌的銀行及信用合作社分別是鹿城銀行（832792）、齊魯銀行（832666）以及瓊中農信（430753），三家機構均是在2014年新三板擴容后掛牌新三板，並以協議轉讓的方式進行股份轉讓交易的。

（1）齊魯銀行

齊魯銀行成立於1996年6月，曾經歷三次易名，從「濟南城市合作銀行」更至「濟南市商業銀行」再更改為如今的「齊魯銀行」，是山東省首家、全國第4家與外資銀行——澳洲聯邦銀行實現戰略合作的城商行，是中國銀行業協會城市商業銀行

工作委員會常委單位。該銀行於 2015 年 6 月 29 日成功在全國中小企業股份轉讓系統掛牌，成為全國第一家掛牌新三板的商業銀行。

在主營業務方面，齊魯銀行具備一般商業銀行具備的完整的零售業務及對公業務體系，並突出「服務小微企業和社區居民」的宗旨。相較於其他全國性商業銀行，齊魯銀行在業務對象上更傾向於發展對中小微企業的各類融資貸款業務；在銀行網點構建上，突出向小型化、智能化、便民化的社區網點轉型。以零售客戶為基礎，齊魯銀行的水、電、暖、氣等十餘項公共事業服務、養老金代扣代發業務實現了一站式繳費服務，成為全省居民基礎生活代理業務量最多、項目最全的銀行。

在業務創新上，齊魯銀行大力發展直銷銀行這一新型銀行運作模式。在這一經營模式下，銀行沒有營業網點，不發放實體銀行卡，客戶主要通過電腦、電子郵件、手機、電話等遠程渠道獲取銀行產品和服務。因沒有網點經營費用和管理費用，直銷銀行可以為客戶提供更有競爭力的存貸款價格及更低的手續費率。降低營運成本，回饋客戶是直銷銀行的核心價值。齊魯銀行的直銷銀行現階段主要有「齊魯錢包」「齊魯智慧存」「專屬理財」「泉心易匯」四類服務，主要涉及活期存款業務、利率浮動存款業務、人民幣理財業務以及匯款業務的互聯網直銷運作。

（2）鹿城銀行

鹿城銀行全稱「昆山鹿城村鎮銀行股份有限公司」，於 2009 年 12 月 18 日正式對外營業。鹿城銀行是由上市公司南京銀行作為主發起人設立的一家法人銀行業金融機構，是蘇州市首家村鎮銀行，也是江蘇省投資規模最大的村鎮銀行之一，至今為止建立共 6 家營業網點。鹿城銀行的發展定位和大部分村鎮銀行一樣，立足於當地，主要為當地農民、農業和農村經濟

發展提供金融服務，滿足當地農戶的小額貸款需求，以及服務當地中小型企業。

由於市場定位的限制，一般村鎮銀行在主營業務的多樣性上不能和全國性商業銀行甚至是城市商業銀行相比。鹿城銀行的主營業務包含個人一般儲蓄、個人經營性貸款、農戶貸款，公司業務方面主推小微企業貸款。雖然業務規模上受市場定位的限制，但相較於大型銀行，其業務特色在於審批效率高、發放速度快、客戶針對性強、產品設計靈活、產品門檻低，客戶範圍廣。而其在業務創新方面也注重於昆山的地方性特點，主要圍繞村級經濟而開發融資貸款類金融產品。

（3）瓊中農信

瓊中農信全稱「瓊中黎族苗族自治縣農村信用合作聯社股份有限公司」，前身為瓊中黎族苗族自治縣農村信用合作聯社，成立於2008年12月，是全縣唯一的地方性金融機構，下轄16家金融網點，在職員工有近700人。截至2013年12月，瓊中農信存款餘額17.09億元，貸款餘額10億元，存、貸款增量及市場份額當年均居全縣商業銀行第一。

在主營業務的市場定位上，瓊中農信與鹿城銀行一樣，主要支持並服務於縣域經濟建設和「三農」發展。瓊中農信在全縣所有鄉鎮均設立營業網點，並將374臺EPOS機布放到所有100個行政村，實現所有鄉鎮全覆蓋。瓊中農信還將自動取款機、網上銀行、手機銀行等設備和業務送到農村，為農民發放財政惠民資金一卡通、健康卡、社保卡等，真正做到讓所有的村民均可享受和城市人均等的金融服務。在信貸方面，瓊中農信有30名小額信貸技術員駐扎在鄉鎮，為所有村民提供上門的小額貸款服務，並提供豐富多樣的小額貸款產品以滿足農民生產發展資金需求。產品主要有婦女聯保貸款、農戶信用貸款、雙帶致富小額貸款、農村誠信青年創業貸款、農村住房貸款、

林權抵押貸款、個體工商業貸款、小微企業貸款、居民個人生活貸款、公務員工資擔保貸款、下崗職工再就業貸款等。

業務創新方面，瓊中農信主要在小額信貸領域創新服務模式，即採取「八專措施」（專門機構、專業隊伍、專門文化、專項流程、專門產品、專項貼息、專門系統、專家團隊），建立「四交機制」（將貸款審批權交給農民，將貸款利率定價權交給農民，將貸款風險控制權交給信貸員和網路，將工資發放權交給信貸員），從而靈活運用小額信貸助農增收。

3.1.2 掛牌金融租賃公司

金融租賃公司是指經中國銀行業監督管理委員會批准，以經營融資租賃業務為主的非銀行金融機構。金融租賃在發達國家已經成為設備投資中僅次於銀行信貸的第二大融資方式，因此，從長遠來看，金融租賃公司在中國同樣有著廣闊前景。在中國新三板掛牌的金融租賃公司共6家，分別是融信租賃、福能租賃、中國康富、皖江金租、東海租賃和康安租賃。

3.1.2.1 典型掛牌公司簡介

本部分主要按企業規模大小，以資產及營業收入規模較大的皖江金租和中國康富以及資產及營業收入規模相對較小的康安租賃和融信租賃四家金融租賃公司為典型代表企業，對其發展經營情況進行重點概述。

（1）中國康富

中國康富國際租賃有限公司成立於1988年6月，為商務部直屬最早成立的以中字頭命名的融資租賃公司之一。2014年，公司依託國家核電技術有限公司（現已與中國電力投資集團公司完成重組合併為國家電力投資集團公司）和三一集團有限公司兩個實力強大的股東方，完成重組工作。2015年4月，公司改制為中國康富國際租賃股份有限公司。2015年9月，公司成

功登陸新三板資本市場，並引進國際知名投行摩根士丹利及眾多國內外機構投資者，打造出由大型央企、優秀民企以及國際知名投行構成的混合所有制股東格局。

主營業務方面，中國康富依託股東背景和產業優勢，積極開拓電力新能源、裝備製造廠商外包、教育醫療、經營性租賃以及跨境租賃等五大業務領域。在這五大領域中，公司現階段更偏向中國能源產業及裝備製造業的發展，充分發揮金融與產業經營優勢，為中小企業打造個性化、一站式的運作與服務方案，為合作夥伴迅速提升市場競爭力提供支撐，打造成為裝備製造行業、電力能源行業租賃第一品牌。

（2）皖江金租

皖江金融租賃股份有限公司是由中國銀監會批准成立的全國第 18 家金融租賃公司，成立於 2011 年 12 月 31 日，由天津渤海租賃有限公司、蕪湖市建設投資有限公司、美的集團股份有限公司共同出資設立，公司註冊資本 30 億元，註冊地安徽省蕪湖市。

皖江金租的租賃業務領域涉及較廣，包含通用航空與支線航空、內河航運與工程船舶、農業機械與倉儲物流、工程機械與裝備製造、戰略性新興產業的機器設備、生產線租賃業務。公司提供的具體租賃業務模式包括新置資產融資租賃、新置資產經營租賃、現有資產售後回租、廠商租賃、財務顧問服務以及包含委託租賃、槓桿租賃和轉租賃在內的各類租賃模式，但目前的業務模式主要以售后回租融資租賃和直接融資租賃為主。雖然皖江金租屬於近 5 年以內成立的金融租賃公司，發展歷程較為短暫，但從其業務覆蓋的行業領域和業務模式來看，公司為航空航運、農業、工程及其相關行業的承租人提供了較為完善及多樣化的租賃服務。

（3）康安租賃

浙江康安融資租賃股份有限公司是國家商務部、國家稅務總局批准的第九批內資融資租賃試點企業，是一家服務於中小實體經濟，提供專業融資租賃服務的金融企業。公司地處浙江省海寧市，業務地區範圍主要輻射長三角地區乃至全國。

在租賃業務涉及的行業領域方面，康安租賃的發展方向主要涉及新能源、節能環保、醫療、教育、裝備製造、農業等行業。業務模式主要包括廠商租賃、設備融資租賃、合同能源管理租賃以及政府項目融資租賃四大類。

（4）融信租賃

融信租賃成立於2007年3月，註冊地福州，註冊資本2億元，是資金、人才密集型現代服務企業。2009年12月25日經商務部、國家稅務總局批准，融信租賃成為第六批內資融資租賃試點企業。

作為一家第三方綜合性民營融資租賃企業，其業務模式以廠商租賃與售后回租為主，涉及工程機械、水電、環保、商業物業、二手車、機械製造、新能源、紡織、印刷、快消品等多個行業領域。融信租賃目前已設立多個分公司、子公司及辦事機構，形成以長三角經濟區（上海）、海西經濟區（福建）為中心的雙業務中心佈局，輻射長三角、珠三角、渤海灣及中西部等地區，已有業務覆蓋全國30余個省市的2,000多個客戶。在業務模式方面，公司主要以廠商租賃、直接租賃、售后回租為主。同時，其也是中國第一家發行資產證券化的民營融資租賃公司。

3.1.2.2 掛牌金融租賃公司的特點

從成立方式和規模來看，在新三板掛牌的金融租賃公司有以大型企業集團控股方式成立的，也有較為小型的民營金融租賃公司，主要以地方性民營金融租賃公司為主。從行業領域上

來看，掛牌金融租賃公司無論大型或民營，都有將租賃業務向新能源、環保等有政策支持的新興領域傾斜發展的趨勢，並且以工程設備租賃為主。從業務模式來看，掛牌的金融租賃公司幾乎都已形成廠商租賃、直接租賃、售后回租為主的經營模式。從發展地域來看，掛牌金融租賃公司的業務有集中於長三角及其周邊地區的特點，說明中國經濟較為發達的地區更具備金融租賃公司成長的環境。

3.1.3 掛牌擔保公司

新三板市場掛牌擔保公司共計 11 家，其中大部分機構主要為融資性擔保公司，少數企業如興潤金控、鑫融基、中投保為主營業務涉及融資性擔保的綜合性金融控股企業。融資性擔保公司是指依法設立，經營融資性擔保業務的有限責任公司和股份有限公司。而融資性擔保是指擔保人與銀行業金融機構等債權人約定，當被擔保人不履行對債權人負有的融資性債務時，由擔保人依法承擔合同約定的擔保責任的行為。一般經監管部門批准，融資性擔保公司可以經營貸款擔保、票據承兌擔保、貿易融資擔保、項目融資擔保、信用證擔保以及其他融資性擔保業務；同時，經批准也可兼營訴訟保全擔保、投標擔保、預付款擔保、工程履約擔保、尾付款如約償付擔保等其他履約擔保業務，與擔保業務有關的融資諮詢、財務顧問等仲介服務，和以自有資金進行投資等業務。

3.1.3.1 典型掛牌公司簡介

本部分在 11 家擔保公司中，在大型擔保公司中選取具有代表性的中投保，在規模相對較小的擔保公司中選取融興擔保作為地方性擔保公司的典型案例，對這兩家擔保機構進行重點概述。

（1）中投保

中投保全稱「中國投融資擔保股份有限公司」，由中國投融資擔保有限公司整體變更而成。公司於1993年經國務院批准，由財政部、原國家經貿委出資成立，是以信用擔保為主營業務的專業擔保機構。2010年，公司完成增資改制工作。通過引進建銀國際、中信資本、鼎暉投資、新加坡政府投資、金石投資、國投創新六家新股東，公司從國有獨資企業變更為中外合資企業。2015年，公司採取發起設立方式，整體變更為股份有限公司，並掛牌新三板，是國投集團成員企業。截至2015年年底，公司累計擔保總額達4,182億元，共為2萬多家客戶企業提供了擔保服務，是目前國內成立時間最早、業務規模最大的擔保機構。

中投保主營擔保業務，也涉及資產管理業務和互聯網金融業務。其中，擔保業務包含：①基於公共融資市場的業務，主要包括企業債擔保、信託融資擔保、開放式保本基金擔保、資產證券化產品擔保等；②基於銀行間市場的業務，主要包括企業短期融資券擔保、中小非金融企業集合票據擔保、中期票據融資擔保等；③基於資本市場的業務，主要包括股票抵押融資擔保、股票定向增發擔保、公司債發行擔保、次級債發行擔保等；④與銀行合作開展的業務，主要包括貸款融資擔保、信用證融資擔保、承兌匯票融資擔保、房地產結構性融資擔保、過橋融資及收購以及政府採購履約融資擔保等；⑤保證擔保業務，主要包括工程保證及政府採購領域的投標保證、履約保證、預付款保證、質量保證、支付保證、維修保證、供貨保證、交易履約保證等；⑥受託擔保業務，主要是指接受政府部門、國際組織的委託，對政策性擔保資金或擔保基金進行營運和受託管理。中投保的資產管理業務主要包含增信類、主動管理類和仲介服務類資管產品，而其互聯網金融業務是通過構建大數據管

理、數據交互、客戶管理、定價和綜合服務的互聯網平臺，為合格投資者、金融機構、企業提供安全、專業、多元、便捷的固定收益類產品及其他金融服務。

（2）融興擔保

湖南融興融資擔保股份有限公司成立於 2006 年 3 月 21 日，註冊資本金 2 億元，為湖南中小企業信用與擔保協會常務理事會員，因此屬於中小企業信用擔保機構，其擔保業務開展對象主要面向當地及其周邊省市的中小微企業。其發展目標是將公司建設成為湖南區域領先的股權多元、定位中小微、服務高效、風險可控的新型金融服務機構。

該公司以「服務中小企業搭建融資平臺」為宗旨，其經營模式是在自身信用與資本金的基礎上，通過嚴謹、規範的風險控制體系，實現中小微企業及個人與貸款機構之間的仲介與橋樑作用。公司的主營業務為融資性擔保業務，主要擔保品種為貸款擔保業務、訴訟保全擔保業務、工程履約擔保業務。公司通過銀擔合作、行業協會合作等方式開展擔保業務行銷工作，業務主要分佈於衡陽地區。公司業務的上遊行業主要為銀行等貸款機構，在合作銀行的總授信額度從 2014 年的 8.85 億元增至 11.11 億元；下遊業務對象包括有融資需求的中小微企業及個人，其中，小微客戶占比較高，單筆額度 500 萬元（含）以下的小微企業擔保項目為 27,848 萬元，占比 38%。截至 2015 年 12 月，公司累計為近 600 家小微企業擔保融資近 26 億元，其中大多數客戶已成為多家合作銀行的優質客戶群體，對推動區域內企業發展、促進產業結構調整升級、規範市場秩序、提升企業信用、安置勞動就業、增加財政稅收等發揮了重要作用。

3.1.3.2 掛牌擔保公司的特點

掛牌擔保公司組成中，除了中投保這樣較為大型的擔保公司，大部分都是以地方性中小型擔保公司為主。從擔保對象上

看，中小型擔保公司均把業務對象鎖定在地方性中小微企業上，以便於與地方銀行開設的擔保業務形成差別競爭，同時也能改善中小微企業無法獲取銀行擔保的困境。從業務模式上看，大部分掛牌擔保公司都採取銀擔合作的方式開展業務，即除了大型擔保公司以外，中小型擔保公司的上遊行業也需要依託於銀行等貸款機構；另外，一般有條件的掛牌擔保公司在業務創新上都有向資管業務拓展以及結合互聯網金融行銷的趨勢。

3.1.4 掛牌貸款公司

貸款公司是指經中國銀行業監督管理委員會依據有關法律、法規批准，由境內商業銀行或農村合作銀行在農村地區設立的專門為縣域農民、農業和農村經濟發展提供貸款服務的銀行業非存款類金融機構。貸款公司這種稱謂僅局限在中國境內，與國內商業銀行、財務公司、汽車金融公司、信託公司這種可以辦理貸款業務的金融機構公司在定義和經營範圍上都有所不同。貸款公司不得吸收公眾存款，信貸額度較高，貸款方式靈活，其業務主要涉及各項貸款、票據貼現、資產轉讓、辦理貸款項下的結算以及經中國銀行業監督管理委員會批准的其他資產業務。貸款公司的發展彌補了商業銀行在小額貸款項目上管理成本較高、收益不明顯的劣勢。由於小額貸款公司的設立門檻相較於其他金融機構較低，業務市場又非常廣泛，因此，成立數量在近些年急速攀升，同時，也成為新三板掛牌金融機構中占比最大的金融機構。

66家掛牌小額貸款公司按照公司的貸款對象分類，可分為綜合性小額貸款公司、農業小額貸款公司以及科技小額貸款公司。下面從上述三種小貸公司類別中選取三家具代表性的機構，對其公司發展情況和業務經營狀況進行重點概述。

3.1.4.1 典型掛牌公司簡介

(1) 商匯小貸

重慶商匯小額貸款股份有限公司成立於 2011 年 10 月 31 日，公司註冊資本 10.05 億元，共有 20 名股東，由 13 家民營企業法人和 7 個自然人股東出資設立，是重慶市小貸協會副會長單位。2015 年 8 月 10 日，公司在全國中小企業股份轉讓系統（新三板）掛牌上市，成為新三板資產規模最大的小貸公司。自成立以來，公司每年都保持著較高的盈利水平。截至 2015 年 6 月，公司累計發放貸款 162.19 億元，累計收入 8.1 億元，累計納稅 1.53 億元，累計淨利潤為 4.48 億元。2015 年上半年，公司累計發放貸款 25.39 億元，實現營業收入 1.82 億元，淨利潤達 0.93 億元。

業務對象方面，該公司主要為中小民營企業、自然人和「三農」提供信貸支持，為廣大的中小微企業、個體工商戶、個人提供全方位金融服務。貸款具體投向包含「三農」經濟、建築、房地產開發、商貿流通、物流運輸、製造加工、個體工商等，其業務範圍主要包括各類小額貸款、票據貼現和資產轉讓等。

(2) 文廣農貸

文廣農貸全稱「鎮江市丹徒區文廣世民農村小額貸款股份有限公司」。公司商業模式即「審慎審核、小額分散、面向三農、面向中小微、高效服務」，具體來說就是通過高效便捷的服務流程向「三農」及中小微企業發放貸款從而收取利息作為收入的主要來源。該公司與其他農業小額貸款公司一樣，作為主要面向農村、改善農村金融服務的新型經濟組織，具有經營機制靈活、貸款手續簡便、審批省時快捷等特點，對激活民間資本市場、緩解農村資金短缺和解決融資難問題、支持地方經濟發展具有積極作用。

主營業務方面，由於面臨宏觀經濟和市場貸款利率下行的壓力，公司除了積極開展貸款業務以外，還通過與恒泰證券公司共同開展了基礎資產本金為1.5億元的資產證券化業務擴大放貸規模。其近期營業收入的增長主要是由資產證券化的資金增加擴大了公司信貸經營規模所致。

（3）和信科貸

和信科貸全稱「南通和信科技小額貸款股份有限公司」，是經江蘇省金融辦同意，在江蘇省海安縣工商行政管理局註冊成立的科技小額貸款公司。公司主營業務為向科技型小微企業等發放小額貸款、創業投資及省金融辦批准的融資性擔保業務、應付款保函業務、代理保險業務、開鑫貸業務、小微企業私募債業務等創新性中間業務。

公司的貸款業務及各項創新性中間業務的開展，為科技型小微企業提供了符合其經營特點和融資需求的金融服務，解決了科技型小微企業融資難的問題，實現了科技與金融的有機結合，促進了科技型小微企業的成長。

與傳統銀行的商業模式相比，公司業務運作方式更加靈活，審批、放款流程更高效、快捷。為適應公司客戶規模較小、缺乏相應的抵押擔保措施的情況，公司開發出多種貸款產品滿足小微企業的需求。公司已針對少數客戶試點應收帳款質押、存貨質押、土地使用權預登記抵押、余額抵押等貸款產品。另外，與海安縣其他正常經營的小額貸款公司相比，除經營貸款業務之外，公司還積極開展創新性中間業務（比如代理保險業務），避免同質化競爭。中間業務的拓展，一方面豐富了公司的業務，滿足了不同客戶的不同融資需求；另一方面提高了公司融資槓桿，增加了公司收入來源，實現了商業模式的可持續發展。同時，該公司與其他同地區優質小額貸款公司一起加入了當地開鑫貸互聯網金融貸款平臺，以互聯網平臺為依託和風險控制，

極大地推廣了公司的貸款業務，讓第三方平臺參與貸款風險的控制與監管。

3.1.4.2 掛牌貸款公司的特點

從掛牌機構的數量特徵來看，貸款公司的數量占全部掛牌金融機構的35%，占所有銀行類掛牌機構的70%，說明近年來中國小額貸款公司是金融行業發展最為迅速的一類機構。而掛牌貸款公司中，幾乎都以地方性小額貸款公司為主，其業務對象的特點是其主要服務於各自所在地區的中小微企業。由於互聯網金融的發展，大部分掛牌小額貸款公司為了打破地域限制，都存在成為互聯網信貸平臺會員的發展趨勢。即大部分掛牌小額貸款公司利用網路信貸平臺的業務推廣優勢，和其他小貸公司一起形成網路信貸平臺的貸款渠道，從而能發揮小額貸款公司單獨營運無法形成的規模優勢，以及打破地域限制的格局。

3.2　銀行類掛牌金融機構成長性指標對比分析

按照本書第2章第3節中的金融機構成長性評價指標體系，本部分主要從企業規模、盈利能力、成長潛力以及安全性四方面對銀行類掛牌金融機構的成長性指標進行對比分析。

3.2.1　掛牌銀行類機構的規模對比

表3-1從資產總額、員工數、營業總收入三方面來衡量各掛牌銀行類機構的規模情況。從統計數據中可以看出，在新三板掛牌的66家銀行類機構中，資產總額、員工規模以及營業收入總額最大的機構為齊魯銀行，而各規模指標的最小值都出現在小額貸款公司中，其中，資產規模最小和營業收入最低的為匯邦小貸，員工總數最少的機構為泰鑫小貸，僅有8名員工。

在銀行類細分行業中，銀行業存款類機構是規模最大的，其次便是如金融租賃公司與擔保公司這樣的非存款類機構，規模最小的為小額貸款公司，但同時小貸公司也是掛牌數量最多的銀行業非存款類機構。總體上看，掛牌銀行類機構的平均資產總額大約為36億元，但各類機構的資產總額差異較大，最小值與最大值之間相差了30多億元的資產規模。營業收入上也有很大的差異，但與資產狀況相比要小些，除了規模大的齊魯銀行能達到42億多元的營業總收入以外，其餘大部分銀行類非存款機構的營業收入都在千萬級水平，規模最小的掛牌小貸公司也能達到近800萬元的年營業收入。從員工數量上看，除了齊魯銀行出現極端值，大部分地方性掛牌銀行類機構員工數都在100人以下，少數超過100名員工的機構都是銀行、金融租賃公司和全國性擔保公司。

表 3-1　　　　掛牌銀行類機構規模指標一覽

交易代碼	證券簡稱	資產總額（萬元）	員工總數（人）	營業總收入（萬元）
430558	均信擔保	126,477.10	346	13,118.59
430753	瓊中農信	320,409.72	735	16,059.69
830958	鑫莊農貸	55,972.04	10	8,284.39
831098	通利農貸	101,444.31	35	12,755.27
831199	海博小貸	122,087.62	30	14,674.08
831379	融信租賃	155,809.66	113	8,493.51
831506	昌信農貸	25,419.60	12	2,607.66
831618	文廣農貸	50,347.59	18	3,452.66
831668	天元小貸	24,080.08	21	4,679.82
831723	恒晟農貸	22,648.11	30	3,503.35
831899	山東再擔	173,031.31	90	32,283.07

表3-1(續)

交易代碼	證券簡稱	資產總額（萬元）	員工總數（人）	營業總收入（萬元）
831959	香塘擔保	53,718.80	18	3,219.20
832088	鑫鑫農貸	88,389.18	17	10,443.42
832166	晶都農貸	8,303.26	23	1,092.36
832228	廣信擔保	41,241.39	34	3,642.16
832336	廣順小貸	30,625.14	28	5,007.59
832343	天秦小貸	14,287.77	18	2,610.92
832379	鑫融基	321,532.96	270	42,028.78
832381	國匯小貸	21,483.12	18	3,732.40
832382	陽光小貸	33,731.82	46	4,869.77
832413	億盛擔保	36,880.60	72	3,703.20
832450	中興農貸	17,738.78	12	2,464.54
832666	齊魯銀行	15,288,149.24	2,730	423,178.95
832743	福能租賃	286,666.20	30	16,410.90
832792	鹿城銀行	516,546.31	158	16,856.49
832905	信源小貸	22,403.41	27	3,070.72
832944	銀信農貸	15,448.24	19	2,924.52
832945	金長城	14,002.16	11	1,591.70
833114	商匯小貸	184,634.56	40	26,375.92
833118	棒杰小貸	34,146.85	14	4,156.37
833210	兆豐小貸	40,376.33	15	5,501.35
833233	鴻豐小貸	45,794.90	24	6,461.72
833257	鑫盛小貸	11,485.20	17	2,510.47
833342	濱江小貸	11,923.44	10	1,569.40
833446	日升昌	22,815.02	9	3,196.06
833499	中國康富	1,111,341.11	192	76,322.03

表3-1(續)

交易代碼	證券簡稱	資產總額（萬元）	員工總數（人）	營業總收入（萬元）
833639	順泰農貸	25,625.81	11	3,177.56
833709	和信科貸	50,471.59	14	4,822.83
833754	通源小貸	13,271.56	16	2,206.06
833837	恒澧農貸	13,609.95	14	2,126.34
833843	正新農貸	26,069.27	10	3,854.27
833945	濱江科貸	31,820.81	14	3,726.93
833970	廣盛小貸	12,060.38	17	1,829.75
833982	龍騰農貸	16,916.16	10	2,209.78
834000	國鑫農貸	47,243.58	15	5,804.72
834038	誠信小貸	13,323.73	12	2,069.09
834237	皖江金租	2,625,940.84	119	170,279.00
834263	黔中泉	44,416.81	70	10,732.32
834271	三花小貸	17,421.74	14	2,244.84
834339	東方貸款	12,620.69	12	1,973.13
834340	寶利小貸	10,761.77	10	1,755.68
834366	匯豐小貸	9,570.02	8	2,427.44
834405	永豐小貸	7,242.23	21	972.71
834610	佳和小貸	17,799.42	13	2,623.36
834670	宏達小貸	87,183.98	37	12,069.13
834777	中投保	1,040,562.31	310	138,337.90
834784	中祥和	11,924.60	16	1,426.79
835023	融興擔保	31,389.21	25	2,643.85
835072	東海租賃	240,769.40	49	21,036.78
835076	普邦擔保	79,254.16	16	3,974.40
835253	匯邦小貸	5,774.00	20	797.66

表3-1(續)

交易代碼	證券簡稱	資產總額（萬元）	員工總數（人）	營業總收入（萬元）
835319	康安租賃	90,264.91	30	7,384.86
835366	泰鑫小貸	22,348.51	8	2,574.41
835403	深擔保	34,149.34	88	7,609.73
835458	元豐小貸	11,409.58	23	1,793.46
835549	興潤金控	52,536.28	35	12,084.19
最大值		15,288,149.24	2,730	423,178.95
最小值		5,774.00	8	797.66
中值		32,776.32	20	3,729.67
平均值		365,987.05	96	18,627.61
標準差		1,886,606.45	344.04	57,298.88

3.2.2 掛牌銀行類機構的盈利能力對比

表3-2從淨資產收益率、總資產收益率、營業利潤率和成本費用利潤率四方面來衡量掛牌銀行類機構的盈利能力狀況，所有指標均採用2013—2015年三年年均值。總體上看，新三板掛牌銀行類機構的淨資產收益率和總資產收益率的平均值分別為9.97%和6.41%，說明掛牌銀行類機構通過自有資本獲得淨收益的能力都不是特別強，但除去最大值和最小值，大部分機構的收益率差別也都不大，這也符合銀行業負債經營的特點。淨資產收益率的最大值出現在小貸公司，最小值出現在金融租賃公司，總資產收益率的最大值同樣出現在小貸公司，最小值出現在農村信用合作社，這說明銀行業存款類機構的淨資產收益率和總資產收益率都明顯偏小。營業利潤率方面，大部分銀行類機構都顯現出較好的情況，行業平均值為58.54%，最大值

為86.34%，出現在小貸公司中，這也解釋了小貸行業的高盈利性導致了近幾年小貸公司成了設立數量最多的金融機構；而營業利潤低於10%的僅有兩家企業，即普邦擔保和瓊中農信，其餘無論大型還是小型銀行類機構的營業利潤率最低也能保持在20%以上。在成本利潤率方面，同樣最高值出現在小貸公司，即天元小貸——一家在小貸行業規模居中的公司，但成本年利潤率能達到772.64%，這說明了經營較好的小貸公司的其中一個特點便是，邊際成本效應高出了一般存款類銀行機構。

表 3-2　掛牌銀行類機構盈利能力指標一覽

交易代碼	證券簡稱	三年年均淨資產收益率（%）	三年年均總資產收益率（%）	三年年均營業利潤率（%）	三年年均成本費用利潤率（%）
430558	均信擔保	10.53	5.03	36.25	57.74
430753	瓊中農信	12.60	0.83	6.83	7.39
830958	鑫莊農貸	11.25	7.29	63.40	215.14
831098	通利農貸	10.19	8.08	70.57	270.33
831199	海博小貸	13.65	8.66	72.47	285.70
831379	融信租賃	8.59	1.96	34.11	54.44
831506	昌信農貸	11.29	7.04	75.09	206.93
831618	文廣農貸	7.67	5.27	62.27	194.88
831668	天元小貸	15.80	12.66	86.34	772.64
831723	恒晟農貸	11.71	8.75	67.14	218.63
831899	山東再擔	9.48	7.54	60.68	155.86
831959	香塘擔保	6.68	4.49	77.59	408.44
832088	鑫鑫農貸	10.86	6.76	70.07	269.61
832166	晶都農貸	9.61	7.31	78.60	382.56
832228	廣信擔保	4.40	3.22	41.78	72.09

表3-2(續)

交易代碼	證券簡稱	三年年均淨資產收益率(%)	三年年均總資產收益率(%)	三年年均營業利潤率(%)	三年年均成本費用利潤率(%)
832336	廣順小貸	9.66	7.73	72.90	174.10
832343	天秦小貸	11.92	11.32	72.29	332.49
832379	鑫融基	9.12	4.41	60.42	180.10
832381	國匯小貸	11.85	9.07	72.97	275.75
832382	陽光小貸	9.38	7.08	72.80	273.67
832413	億盛擔保	8.10	5.32	67.63	217.71
832450	中興農貸	9.81	9.14	75.85	142.04
832666	齊魯銀行	16.13	0.91	38.63	63.73
832743	福能租賃	15.65	3.31	46.97	94.70
832792	鹿城銀行	17.53	1.21	32.69	50.55
832905	信源小貸	14.16	9.61	75.90	323.29
832944	銀信農貸	9.50	8.84	66.61	333.37
832945	金長城	6.58	5.56	63.72	220.76
833114	商匯小貸	12.92	8.78	79.23	385.95
833118	棒杰小貸	8.47	8.11	63.99	197.70
833210	兆豐小貸	10.01	9.33	79.47	437.01
833233	鴻豐小貸	12.20	10.04	77.80	380.52
833257	鑫盛小貸	6.46	4.82	35.06	74.71
833342	濱江小貸	7.03	5.88	51.56	132.93
833446	日升昌	13.20	9.11	73.14	340.12
833499	中國康富	13.09	1.50	22.59	29.41
833639	順泰農貸	11.76	7.75	80.82	425.40
833709	和信科貸	11.81	7.12	69.06	301.36

表3-2(續)

交易代碼	證券簡稱	三年年均淨資產收益率(%)	三年年均總資產收益率(%)	三年年均營業利潤率(%)	三年年均成本費用利潤率(%)
833754	通源小貸	10.01	9.41	63.29	184.38
833837	恒澧農貸	7.47	6.71	59.12	149.95
833843	正新農貸	7.77	7.84	69.36	238.04
833945	濱江科貸	9.30	6.63	73.96	692.21
833970	廣盛小貸	11.53	8.34	65.40	199.71
833982	龍騰農貸	7.45	7.08	64.48	193.72
834000	國鑫農貸	8.13	5.11	55.79	126.29
834038	誠信小貸	7.92	6.73	53.47	123.55
834237	皖江金租	10.23	2.14	32.09	48.84
834263	黔中泉	5.83	3.99	34.85	155.08
834271	三花小貸	9.76	8.20	62.20	209.16
834339	東方貸款	11.87	9.12	70.33	240.77
834340	寶利小貸	13.29	9.65	68.67	275.86
834366	匯豐小貸	18.29	11.51	62.63	181.30
834405	永豐小貸	5.67	5.06	36.44	58.06
834610	佳和小貸	10.65	7.67	65.69	232.08
834670	宏達小貸	13.96	9.18	79.29	382.90
834777	中投保	5.83	3.43	34.74	63.62
834784	中祥和	5.21	4.92	68.16	159.21
835023	融興擔保	6.95	4.54	52.58	111.46
835072	東海租賃	13.09	2.77	41.34	69.21
835076	普邦擔保	1.61	1.30	6.08	16.76
835253	匯邦小貸	3.75	3.48	35.75	57.48

表3-2(續)

交易代碼	證券簡稱	三年年均淨資產收益率(%)	三年年均總資產收益率(%)	三年年均營業利潤率(%)	三年年均成本費用利潤率(%)
835319	康安租賃	9.38	2.04	38.97	67.45
835366	泰鑫小貸	9.74	9.27	66.57	315.50
835403	深擔保	6.55	4.57	34.19	224.64
835458	元豐小貸	6.11	5.91	64.31	186.63
835549	興潤金控	9.85	5.65	48.91	314.96
最大值		18.29	12.66	86.34	772.64
最小值		1.61	0.83	6.08	7.39
中值		9.78	6.90	64.15	198.71
平均值		9.97	6.41	58.54	215.74
標準差		3.26	2.79	18.11	143.78

3.2.3 掛牌銀行類機構的成長潛力對比

表3-3從營業收入、淨利潤、總資產、每股收益、所有者權益五方面的年均增長率情況來衡量掛牌銀行類機構在主營業務、總資產、淨資產等方面的成長能力和擴張性。從總體數據中可看出，銀行業各類機構的成長潛力差異性較大，特別是在淨利潤增長情況和每股收益增長情況兩方面表現出明顯的差異性。近兩年年均淨利潤增長率最高的為中祥和，達到621.61%的年增長，而淨利潤增長率最低的為黔中泉，年增長率為-59.29%，而這兩家均為小額貸款公司。這說明小額貸款機構雖然數量眾多，但經營質量差異性較大。在淨資產擴張方面，發展最好的企業出現在金融租賃行業，為中國康富，年均資本累積率為167.39%，而發展較差的出現在擔保行業，為廣信擔

保，其淨資產出現負增長。

表 3-3　掛牌銀行類機構成長潛力指標一覽

交易代碼	證券簡稱	營業收入兩年年均增長率（%）	淨利潤兩年年均增長率（%）	總資產兩年年均增長率（%）	每股收益兩年年均增長率（%）	兩年年均資本累積率（%）
430558	均信擔保	16.56	35.02	38.04	10.19	62.05
430753	瓊中農信	15.02	9.79	26.83	-2.10	21.80
830958	鑫莊農貸	4.36	3.86	-1.07	-3.64	16.57
831098	通利農貸	2.16	-5.59	6.67	-8.71	16.28
831199	海博小貸	-10.40	-14.67	2.17	-18.35	5.54
831379	融信租賃	-3.46	2.29	23.99	-16.33	45.98
831506	昌信農貸	6.64	10.59	13.84	9.54	11.07
831618	文廣農貸	21.37	-7.95	44.93	-13.40	22.73
831668	天元小貸	-1.78	-6.37	2.29	-6.75	3.57
831723	恒晟農貸	27.91	8.99	10.41	-7.42	19.77
831899	山東再擔	42.77	58.21	12.50	58.11	11.69
831959	香塘擔保	-4.27	-2.39	0.57	0.00	3.74
832088	鑫鑫農貸	16.38	-4.73	8.22	-7.42	5.92
832166	晶都農貸	10.14	13.41	-9.92	14.01	7.56
832228	廣信擔保	5.46	0.06	-1.13	0.00	-8.23
832336	廣順小貸	45.17	54.75	19.74	29.10	32.72
832343	天秦小貸	0.96	-10.33	6.67	-10.56	7.07
832379	鑫融基	61.34	146.94	76.85	-47.17	90.82
832381	國匯小貸	3.69	-0.12	-0.43	0.00	1.64
832382	陽光小貸	28.25	24.32	19.03	32.29	6.56
832413	億盛擔保	24.10	31.73	33.76	-13.40	52.61
832450	中興農貸	10.38	36.69	13.66	36.28	13.16
832666	齊魯銀行	22.21	8.88	27.53	4.65	29.41

表3-3(續)

交易代碼	證券簡稱	營業收入兩年年均增長率(%)	淨利潤兩年年均增長率(%)	總資產兩年年均增長率(%)	每股收益兩年年均增長率(%)	兩年年均資本累積率(%)
832743	福能租賃	16.47	-11.95	44.23	-8.23	18.41
832792	鹿城銀行	6.95	23.55	15.53	8.69	22.82
832905	信源小貸	5.55	0.26	19.75	-9.86	34.46
832944	銀信農貸	43.36	20.83	9.18	4.88	11.02
832945	金長城	30.94	56.54	7.93	41.42	7.29
833114	商匯小貸	28.69	33.49	13.74	34.16	12.64
833118	棒杰小貸	-6.44	0.28	0.88	-5.13	1.01
833210	兆豐小貸	-4.39	-3.89	3.99	-3.92	7.20
833233	鴻豐小貸	33.04	62.09	18.58	37.44	19.14
833257	鑫盛小貸	48.39	13.96	-4.87	15.47	1.69
833342	濱江小貸	-3.94	-39.89	-8.78	-36.75	-1.31
833446	日升昌	7.22	-0.44	4.22	-14.37	3.52
833499	中國康富	40.57	86.87	87.64	-18.35	167.39
833639	順泰農貸	12.50	6.94	5.97	-11.81	19.57
833709	和信科貸	4.31	-1.09	25.51	-8.01	7.84
833754	通源小貸	-0.76	-14.46	6.84	-16.79	5.17
833837	恒澧農貸	35.07	3.15	10.61	-5.72	7.48
833843	正新農貸	20.87	15.40	11.34	5.41	10.77
833945	濱江科貸	-1.05	23.23	4.87	24.72	3.34
833970	廣盛小貸	29.09	21.13	11.22	4.08	5.58
833982	龍騰農貸	16.00	3.66	13.28	-5.72	13.11
834000	國鑫農貸	28.15	19.24	3.33	19.52	1.61
834038	誠信小貸	-2.96	5.47	7.71	5.41	-1.08
834237	皖江金租	47.13	10.46	56.32	8.71	4.14

表3-3(續)

交易代碼	證券簡稱	營業收入兩年年均增長率(%)	淨利潤兩年年均增長率(%)	總資產兩年年均增長率(%)	每股收益兩年年均增長率(%)	兩年年均資本累積率(%)
834263	黔中泉	88.64	-59.29	22.42	-66.67	20.64
834271	三花小貸	-27.17	-43.33	-15.81	-45.77	-4.57
834339	東方貸款	-9.79	-8.75	-8.56	-7.42	0.57
834340	寶利小貸	0.85	-23.72	1.69	-32.92	4.99
834366	匯豐小貸	15.17	29.71	6.07	30.61	8.03
834405	永豐小貸	-3.97	11.56	13.44	6.90	5.45
834610	佳和小貸	9.61	-11.96	2.24	-11.36	3.23
834670	宏達小貸	3.73	4.38	2.95	-5.72	7.40
834777	中投保	6.24	37.52	2.82	36.27	5.59
834784	中祥和	48.37	621.61	7.44	607.11	8.04
835023	融興擔保	24.45	15.23	31.27	-11.81	43.39
835072	東海租賃	24.22	22.96	19.78	6.07	31.64
835076	普邦擔保	40.94	-7.37	18.14	0.00	1.45
835253	匯邦小貸	12.78	39.46	2.75	29.10	4.40
835319	康安租賃	62.51	121.12	8.69	106.16	13.93
835366	泰鑫小貸	-24.98	-29.10	-4.51	-31.69	-3.78
835403	深擔保	13.11	2.28	9.34	4.08	4.91
835458	元豐小貸	57.52	68.84	2.09	73.20	2.23
835549	興潤金控	83.99	29.17	25.48	-8.01	31.34
最大值		88.64	621.61	87.64	607.11	167.39
最小值		-27.17	-59.29	-15.81	-66.67	-8.23
中值		14.07	8.94	8.94	-1.05	7.52
平均值		18.27	23.46	13.51	11.85	15.94
標準差		22.91	81.28	18.04	78.54	25.04

3 銀行類掛牌金融機構的成長性

3.2.4 掛牌銀行類機構的安全性對比

一般安全性指標包含資本充足率、資產負債率、不良貸款率等。但為了保證銀行類和非銀行類金融機構之間以及銀行業存款及非存款類金融機構之間的可比性，本書選擇金融機構所共有的資產負債率來反應企業成長中的資產與負債結構的安全性和潛在風險問題。從表 3-4 中可以看出，在資產負債結構上，資產負債率最高的為存款類銀行機構，如銀行和農信社，其資產負債率和中國整體銀行業的資產負債率情況差不多，都在 90% 以上，規模最大的齊魯銀行是其中最高的，但這種高資產負債情況並不代表較大的安全性問題，從資本充足率等其他指標衡量，新三板的三家掛牌存款類銀行機構均處於正常水平。資產負債率位居第二的行業為金融租賃行業，能達到 70% 以上，而掛牌擔保公司的資產負債率是 20%~40%，處於和一般非金融機構資產負債結構一樣的正常水平。資產負債率最低的為小貸公司，最低的只有 1.02%。由於資產負債率為適當性指標，過高與過低都對企業經營風險造成影響，小貸公司的資產負債結構相較於銀行、金融租賃公司和擔保公司是波動最大的。這也解釋了為什麼小額貸款行業的發展具備極大的不穩定性和不平衡性，其小貸公司質量也參差不齊。

表 3-4　　掛牌銀行類機構資產負債率一覽

交易代碼	證券簡稱	三年年均資產負債率（%）
430558	均信擔保	41.10
430753	瓊中農信	92.53
830958	鑫莊農貸	31.04
831098	通利農貸	14.79
831199	海博小貸	35.10

表3-4(續)

交易代碼	證券簡稱	三年年均資產負債率（％）
831379	融信租賃	72.33
831506	昌信農貸	35.64
831618	文廣農貸	19.72
831668	天元小貸	23.22
831723	恒晟農貸	19.18
831899	山東再擔	16.23
831959	香塘擔保	31.93
832088	鑫鑫農貸	36.46
832166	晶都農貸	22.32
832228	廣信擔保	28.10
832336	廣順小貸	15.10
832343	天秦小貸	3.68
832379	鑫融基	20.39
832381	國匯小貸	21.78
832382	陽光小貸	20.51
832413	億盛擔保	30.05
832450	中興農貸	1.15
832666	齊魯銀行	93.72
832743	福能租賃	77.28
832792	鹿城銀行	92.36
832905	信源小貸	22.79
832944	銀信農貸	5.58
832945	金長城	4.74
833114	商匯小貸	26.24
833118	棒杰小貸	1.02

表3-4(續)

交易代碼	證券簡稱	三年年均資產負債率（%）
833210	兆豐小貸	5.58
833233	鴻豐小貸	2.15
833257	鑫盛小貸	24.61
833342	濱江小貸	14.51
833446	日升昌	22.83
833499	中國康富	81.13
833639	順泰農貸	31.28
833709	和信科貸	37.69
833754	通源小貸	2.75
833837	恒澧農貸	3.75
833843	正新農貸	4.94
833945	濱江科貸	25.69
833970	廣盛小貸	19.21
833982	龍騰農貸	1.09
834000	國鑫農貸	36.94
834038	誠信小貸	13.15
834237	皖江金租	78.09
834263	黔中泉	22.75
834271	三花小貸	8.59
834339	東方貸款	20.51
834340	寶利小貸	25.08
834366	匯豐小貸	32.92
834405	永豐小貸	6.99
834610	佳和小貸	29.98
834670	宏達小貸	29.34

表3-4(續)

交易代碼	證券簡稱	三年年均資產負債率（%）
834777	中投保	40.64
834784	中祥和	1.88
835023	融興擔保	29.39
835072	東海租賃	76.29
835076	普邦擔保	20.48
835253	匯邦小貸	5.54
835319	康安租賃	77.20
835366	泰鑫小貸	2.15
835403	深擔保	31.38
835458	元豐小貸	1.59
835549	興潤金控	15.10
最大值		93.72
最小值		1.02
中值		22.77
平均值		27.87

3.3 基於因子分析的成長性評分

本部分結合在新三板掛牌的66家銀行類機構近3年（2013—2015年）的業績水平和業績變化，以及本書第2章所構建的新三板掛牌金融機構成長性指標體系，基於因子分析模型，對在新三板掛牌的所有銀行類機構的成長性進行實證研究。

3.3.1 因子分析及其得分函數構建

（1）掛牌銀行類機構成長性評價指標的選擇

本部分在第 2 章中對新三板掛牌金融機構成長性指標體系的構建基礎上，考慮系統性、科學性、導向性以及指標之間的相關性等原則，從指標體系中挑選 10 個符合銀行類機構成長性特徵的指標用作因子分析。指標名稱及編號如表 3-5 所示。

表 3-5　掛牌銀行類機構成長性評級指標的選擇

指標編號	指標名稱
X1	資產總額（萬元）
X2	員工總數（人）
X3	營業總收入（萬元）
X4	三年年均淨資產收益率（%）
X5	三年年均總資產收益率（%）
X6	三年年均營業利潤率（%）
X7	三年年均成本費用利潤率（%）
X8	營業收入兩年年均增長率（%）
X9	總資產兩年年均增長率（%）
X10	兩年年均資本累積率（%）

（2）對樣本原始數據的統計檢驗

如表 3-6 中的 KMO 和巴特利特球度檢驗結果所示，KMO 抽樣測試值為 0.712，意味著變量間的相關性較強，原有變量適合做因子分析；巴特利特球度檢驗值為 570.473，檢驗的顯著性水平為 0.000，說明其對應的相伴概率值小於顯著性水平 0.05，因此拒絕巴特利特球度檢驗的零假設，認為相關係數矩陣不可能是單位陣，即原始變量之間存在相關性，樣本可以進行因子分析。

表 3-6　　　　　　　KMO 和巴特利特球度檢驗

Kaiser-Meyer-Olkin Measure of Sampling Adequacy.		.712
Bartlett's Test of Sphericity	Approx. Chi-Square	570.473
	df	45
	Sig.	.000

（3）主因子的提取

本部分按特徵值大於 1 的標準，採用因子分析中的主成分法來提取主因子。從因子碎石圖中可以看出（見圖 3-1），因子 1、因子 2、因子 3 之間的斜率較大，與其餘因子相比，這三個因子的特徵值差值相對較大，而其餘因子構成的折線斜率相對較小，特徵值差值也較小，故可以忽略。所以，本部分選取三個因子來代表原有變量。同時從表 3-7 因子分析的總方差解釋中可以明確地得出主因子的特徵值及其貢獻率，前三個因子的特徵值均大於 1，且累積貢獻率已達到 79.744%，即這三個因子反應了原指標 79.744% 的信息，說明它們可以基本反應新三板掛牌銀行類機構的成長性。

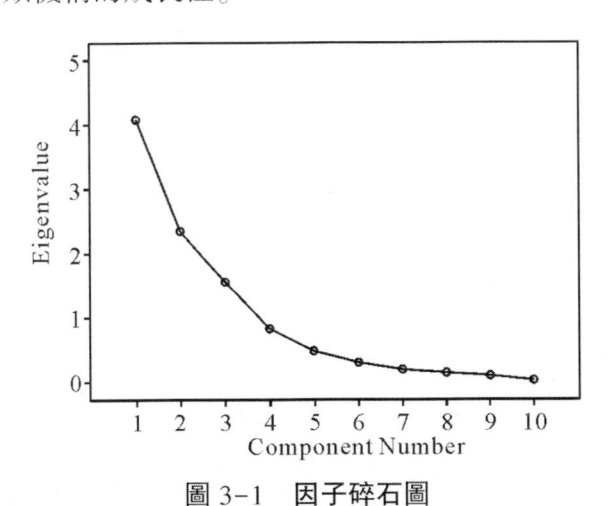

圖 3-1　因子碎石圖

表 3-7　　　　　　　　因子分析的總方差解釋

Component	Initial Eigenvalues			Extraction Sums of Squared Loadings		
	Total	% of Variance	Cumulative %	Total	% of Variance	Cumulative %
1	4.076	40.757	40.757	4.076	40.757	40.757
2	2.345	23.450	64.207	2.345	23.450	64.207
3	1.554	15.537	79.744	1.554	15.537	79.744
4	.821	8.206	87.949			
5	.472	4.718	92.667			
6	.296	2.958	95.625			
7	.190	1.899	97.524			
8	.138	1.378	98.902			
9	.088	.883	99.785			
10	.022	.215	100.000			

（4）對主因子的命名和解釋

本部分的分析採用方差最大旋轉法對因子載荷矩陣實行正交旋轉，它使每個因子具有最高載荷的變量數最小，從而可以簡化對因子的解釋，使得對主因子（公共因子）有更具實際意義的理解。旋轉后因子負載值如表 3-8 所示。

表 3-8　　　　　　　旋轉后的因子載荷矩陣

	Component		
	1	2	3
X1	.978	-.067	.028
X2	.958	-.117	.071
X3	.943	-.128	.117
X4	.372	.668	.249
X5	-.280	.821	-.304
X6	-.204	.846	-.235

表3-8(續)

	Component		
	1	2	3
X7	-.159	.808	-.197
X8	-.063	-.356	.521
X9	.158	-.163	.915
X10	.095	-.034	.913

設 F 為提取出的公共因子，則三個主因子可分別表示為 F1、F2、F3。第一個主因子 F1 在 X1、X2、X3 上的係數分別為 0.978、0.958、0.943，大於其他變量的係數，說明 F1 涵蓋了資產總額、員工總數、營業總收入，因此該因子可以概括為企業規模現狀的因子。第二個主因子 F2 在 X5、X6、X7 上的係數較大，分別為 0.821、0.846、0.808，大於其他變量的係數，說明 F2 涵蓋了三年年均總資產收益率、三年年均營業利潤率以及三年年均成本費用利潤率，因此該因子可以概括為企業的資產及經營盈利能力的因子。第三個主因子 F3 在 X9、X10 上的係數較大，分別為 0.915、0.913，大於其他變量的係數，說明 F3 涵蓋了總資產兩年年均增長率和兩年年均資本累積率，因此該因子可概括為企業資產及淨資產擴張能力的因子。

(5) 因子得分函數的構建

採用迴歸法估計因子得分係數，輸出的因子得分係數矩陣如表 3-9 所示。根據因子得分係數可構建以下各因子的得分函數：

$$F1 = 0.339X1 + 0.325X2 + 0.316X3 + 0.143X4 - 0.031X5 \\ - 0.009X6 + 0.002X7 - 0.085X8 - 0.032X9 - 0.047X10$$

$$F2 = 0.024X1 + 0.008X2 + 0.01X3 + 0.343X4 + 0.294X5 \\ + 0.319X6 + 0.31X7 - 0.08X8 + 0.072X9 + 0.124X10$$

$$F3 = -0.079X1 - 0.062X2 - 0.038X3 + 0.199X4 - 0.017X5$$
$$+0.016X6 + 0.027X7 + 0.231X8 + 0.451X9 + 0.474X10$$

其中，X1，X2，X3，…，X10 的取值為各指標值標準化後的數據，再以各因子所對應的貢獻率（如表 3-7 所示）作為權重進行加權求和，即可得到綜合評價得分 F。其計算公式為：

$$F = 0.407, 57F1 + 0.234, 5F2 + 0.155, 37F3$$

表 3-9　　　　　　　　因子得分系數矩陣

	Component		
	1	2	3
X1	.339	.024	-.079
X2	.325	.008	-.062
X3	.316	.010	-.038
X4	.143	.343	.199
X5	-.031	.294	-.017
X6	-.009	.319	.016
X7	.002	.310	.027
X8	-.085	-.080	.231
X9	-.032	.072	.451
X10	-.047	.124	.474

3.3.2　掛牌銀行類機構的因子得分和綜合評分

通過 SPSS 軟件對上述構建的因子得分函數進行計算，可得到每家掛牌銀行類機構的三個主因子的分值，並且按照綜合評分函數，用 Excel 計算得出各機構成長性的綜合分值以及排名。其因子得分與綜合評分排名情況如表 3-10 所示。

表 3-10　掛牌銀行類掛牌金融機構的因子得分和綜合評分情況

交易代碼	證券簡稱	F1	F2	F2	綜合評分	綜合排名
832,666	齊魯銀行	7.613,7	-0.176,2	-0.356,7	3.006,4	1
833499	中國康富	0.249,1	-0.232,3	4.972,1	0.819,5	2
831668	天元小貸	0.087,7	2.897,4	-0.231,2	0.679,3	3
832379	鑫融基	-0.141,6	0.137,5	3.319,3	0.490,2	4
832905	信源小貸	-0.069,6	1.457,4	0.681,6	0.419,3	5
834366	匯豐小貸	0.108,3	1.332,6	0.146,4	0.379,4	6
834237	皖江金租	1.163,3	-1.173,2	0.918,8	0.341,8	7
833114	商匯小貸	0.019,6	1.229,1	0.275,0	0.338,9	8
834670	宏達小貸	0.082,3	1.387,8	-0.266,8	0.317,5	9
833233	鴻豐小貸	-0.210,4	1.279,7	0.528,3	0.296,4	10
832743	福能租賃	0.145,9	-0.056,5	1.136,8	0.222,8	11
831199	海博小貸	0.147,5	1.010,6	-0.503,8	0.218,8	12
833639	順泰農貸	-0.142,4	1.165,0	0.022,1	0.218,6	13
833446	日升昌	-0.041,8	1.072,5	-0.319,1	0.184,9	14
832343	天秦小貸	-0.105,7	1.187,7	-0.348,5	0.181,7	15
832792	鹿城銀行	0.497,8	-0.477,6	0.486,0	0.166,4	16
833709	和信科貸	-0.094,8	0.682,0	0.175,2	0.148,5	17
834340	寶利小貸	-0.026,2	0.942,1	-0.430,2	0.143,4	18
430558	均信擔保	0.087,6	-0.481,8	1.419,1	0.143,2	19
833945	濱江科貸	-0.141,2	1.205,5	-0.544,7	0.140,5	20
833210	兆豐小貸	-0.127,2	1.139,4	-0.545,5	0.130,6	21
831723	恒晟農貸	-0.197,0	0.548,0	0.226,9	0.083,5	22
832381	國匯小貸	-0.065,0	0.771,7	-0.600,3	0.061,2	23
832413	億盛擔保	-0.361,7	0.088,1	1.179,4	0.056,7	24
831098	通利農貸	-0.079,8	0.550,0	-0.274,1	0.053,9	25
831506	昌信農貸	-0.133,2	0.483,1	-0.070,2	0.048,1	26
832336	廣順小貸	-0.374,9	0.273,1	0.751,8	0.028,5	27
832088	鑫鑫農貸	-0.103,6	0.375,9	-0.235,1	0.009,4	28
430753	瓊中農信	0.753,8	-1.553,0	0.405,5	0.006,1	29

表3-10(續)

交易代碼	證券簡稱	F1	F2	F2	綜合評分	綜合排名
834339	東方貸款	-0.015,1	0.665,9	-0.962,3	0.000,5	30
835072	東海租賃	0.066,9	-0.591,5	0.690,4	-0.004,2	31
833970	廣盛小貸	-0.202,5	0.343,4	-0.017,8	-0.004,8	32
835549	興潤金控	-0.431,4	-0.159,4	1.278,5	-0.014,6	33
832382	陽光小貸	-0.249,6	0.315,9	0.075,9	-0.015,9	34
832450	中興農貸	-0.241,8	0.418,7	-0.112,0	-0.017,8	35
830958	鑫莊農貸	-0.073,4	0.294,9	-0.377,2	-0.019,4	36
832944	銀信農貸	-0.345,7	0.461,4	0.075,7	-0.020,9	37
832166	晶都農貸	-0.175,0	0.649,0	-0.758,4	-0.037,0	38
831899	山東再擔	-0.081,6	-0.133,5	0.094,6	-0.049,8	39
835366	泰鑫小貸	-0.048,6	0.601,8	-1.214,9	-0.067,4	40
831618	文廣農貸	-0.381,1	-0.199,5	0.841,9	-0.071,3	41
834610	佳和小貸	-0.139,9	0.276,3	-0.522,1	-0.073,3	42
833754	通源小貸	-0.160,0	0.311,6	-0.535,8	-0.075,4	43
834777	中投保	0.919,3	-1.504,5	-1.005,9	-0.134,5	44
833843	正新農貸	-0.334,6	0.106,0	-0.213,5	-0.144,7	45
831959	香塘擔保	-0.213,6	0.161,2	-0.872,0	-0.184,7	46
835023	融興擔保	-0.428,1	-0.663,4	0.858,8	-0.196,6	47
833118	棒杰小貸	-0.161,4	0.031,5	-0.902,2	-0.198,5	48
833982	龍騰農貸	-0.339,2	-0.152,0	-0.196,4	-0.204,4	49
834271	三花小貸	-0.003,0	0.146,1	-1.548,3	-0.207,5	50
831379	融信租賃	-0.072,5	-1.121,7	0.511,6	-0.213,1	51
833837	恒灃農貸	-0.384,3	-0.480,3	-0.187,5	-0.298,4	52
832945	金長城	-0.397,3	-0.459,4	-0.327,5	-0.320,5	53
834038	誠信小貸	-0.203,7	-0.508,6	-0.782,6	-0.323,9	54
834000	國鑫農貸	-0.260,3	-0.721,1	-0.508,7	-0.354,2	55
835319	康安租賃	-0.293,0	-1.368,2	0.262,1	-0.399,5	56
835403	深擔保	-0.196,7	-1.015,0	-0.555,2	-0.404,4	57
835458	元豐小貸	-0.488,5	-0.674,2	-0.340,0	-0.410,0	58

表3-10(續)

交易代碼	證券簡稱	F1	F2	F2	綜合評分	綜合排名
834784	中祥和	−0.514,1	−0.782,2	−0.238,4	−0.430,0	59
834263	黔中泉	−0.551,0	−1.420,5	0.768,0	−0.438,3	60
833342	濱江小貸	−0.204,2	−0.766,7	−1.253,4	−0.457,7	61
834405	永豐小貸	−0.293,0	−1.297,5	−0.682,0	−0.529,6	62
833257	鑫盛小貸	−0.403,4	−1.501,7	−0.632,5	−0.614,8	63
832228	廣信擔保	−0.281,5	−1.656,6	−1.269,6	−0.700,5	64
835253	匯邦小貸	−0.402,1	−1.782,0	−0.906,1	−0.722,6	65
835076	普邦擔保	−0.555,8	−2.890,3	−0.453,4	−0.974,8	66

3.4 銀行類掛牌金融機構成長性綜合評價

從因子分析法得到的綜合評價函數中可以看出，在對新三板銀行類掛牌金融機構進行成長性評價時，影響其成長性的最重要的三個因素為企業規模、資產及經營盈利能力以及資產及淨資產的擴張能力。而在上述三種因素中，企業規模貢獻率是最大的，達到了40.757%；其次是資產及主營業務盈利能力對銀行類機構的影響，貢獻率為23.45%；而銀行類機構的總資產或淨資產的擴張能力對其綜合成長性的影響相對較小，貢獻率為15.537%。相比這三個主要因素，其他指標的貢獻率相對較低。因此，新三板掛牌的銀行類機構在發展時，應更多地注意發展企業規模效應、提升主營業務盈利水平以及注重資本擴張能力，這樣才能提高其綜合成長能力。

從表3-10的成長性綜合得分來看，2013—2015年，新三板市場中已掛牌的66家銀行類機構中，僅有30家評分為正值，並且規模最大的齊魯銀行在綜合得分上多出其他機構數倍，遙遙

領先。這說明在現今銀行業中，雖然非存款類機構在近幾年發展迅速，但在成長性上仍還無法和業務體系完整的商業銀行相比。綜合成長能力上表現較突出的為中國較大型的金融租賃企業中國康富。這也反應了在銀行類金融機構中，金融租賃公司特別是初具規模的全國型金融租賃企業，在成長性上僅次於商業銀行的發展，是眾多非存款類金融機構中發展最為迅速的典型。而得分為負值和排名較后的機構，大部分均為地方性小額貸款公司，這類機構同時也是在新三板市場中掛牌數量最多的金融機構。由此可看出，小貸公司雖然在近幾年發展迅速，特別是在設立數量上有極大的擴張，但其質量卻參差不齊，公司經營差異性較大，並且大部分小額貸款公司的成長性都相當低，無法做到發展速度與質量同時兼顧。

4 證券期貨類掛牌金融機構的成長性

4.1 證券期貨類掛牌金融機構概況

按照全國中小企業股份轉讓系統的分類標準，截至2016年2月，在新三板掛牌的歸屬證券期貨業的金融機構一共有37家。其中私募基金公司占據主導地位，共有23家；其次是證券公司，共計6家；再次是期貨公司，共計5家；而在新三板掛牌的證券期貨類投資諮詢公司僅有3家。因此，新三板掛牌的證券期貨業幾乎形成以基金公司為主、證券期貨公司並駕齊驅的格局。

4.1.1 掛牌私募基金公司

在新三板掛牌的私募基金管理人，按其實際主營業務進一步細分，可以分為私募股權投資基金管理人、以PE/VC投資為主的資產管理公司和公募基金管理人等。但由於上述類別企業的大部分主營業務都涉及私募股權投資管理的性質，因此在全國中小企業股轉系統的四級行業分類中都歸屬於私募基金管理人。中國證券投資基金業協會制定的《私募投資基金管理人登

記和基金備案辦法（試行）》，對私募基金管理人的界定為：以非公開方式向合格投資者募集資金設立的投資基金，包括資產由基金管理人或者普通合夥人管理的以投資活動為目的設立的公司或者合夥企業。

4.1.1.1　典型掛牌公司簡介

在現階段23家掛牌私募基金管理人中，其品牌發展和市場行為最引起各界關注的要屬九鼎集團和中科招商，這兩家企業也是23家掛牌私募基金公司中資產規模最大的企業。該類別掛牌公司中還有一家公募基金代表企業，即中郵基金。另外，該類別掛牌公司中還有合晟資產、方富資本這樣規模屬於中小微金融機構的資產管理公司。本部分以中科招商、中郵基金、合晟資產、方富資本為典型企業，分別代表大型私募管理人、公募基金以及中小型私募股權和證券投資類資產管理人，對其主營業務和發展模式進行概述。

（1）中科招商

中科招商集團是中國首家經政府批准設立的大型人民幣創業投資基金專業管理機構，成立於2000年年底。經過十餘年的創新發展，中科招商集團在中國投資市場、融資市場和產業市場三大領域已經成為新的領航者，其股權投資業務極大地推動了區域經濟和國家經濟的發展。

該公司主要以基金業務、投資業務、增值服務、併購業務四大板塊為主營業務。這四類業務基本圍繞創業投資領域展開，包括受託管理基金的投資和公司自有資金的投資兩部分，主要圍繞中小微企業展開創投業務。目前，公司已形成品種齊全、業態完善的全資本鏈投資產品體系，包括種子、天使、VC、PE、併購、證券基金。另外，公司還積極拓展產業轉型升級服務，即依託上市公司，通過資本運作，不斷改善上市公司基本面，培育上市公司新的增長動力，構築產業升級轉型平臺。此

外，在發展傳統投資業務的基礎上，公司提出了以「三基工程」為代表的創新業務模式，圍繞行業龍頭企業、政府和大學，實施以設基金、建基地、興基業為核心的「三基工程」，利用行業龍頭企業的品牌優勢、產業優勢和經驗優勢，利用政府平臺的政策優勢、資源優勢和組織優勢，利用大專院校的知識儲備優勢、創新優勢，大大拓寬公司項目資源儲備，加強公司對項目的綜合服務能力和吸引力。

（2）中郵基金

中郵創業基金管理股份有限公司於2006年5月8日在北京成立，註冊資本為3億元，股東為首創證券有限責任公司、中國郵政集團公司和三井住友銀行股份有限公司。中郵創業基金主要從事基金募集、基金銷售、資產管理以及中國證監會許可的其他業務。中郵基金屬於公募基金管理人，先后設立、管理「中郵核心優選」股票基金、「中郵核心成長」股票基金、「中郵核心優勢」靈活配置混合基金、「中郵核心主題」股票基金、「中郵中小盤」靈活配置混合基金、「中郵上證380」指數增強基金等多只證券投資基金，取得了較好的經營業績。

中郵基金的主營業務為通過公開發售基金份額募集資金，由基金託管人託管資金，由基金管理人管理和運作資金，以資產組合方式為基金份額持有人的利益進行證券投資。中郵基金的產品類型主要分為公募基金產品和特定資產管理業務。公募基金產品即基金管理公司向不特定投資者公開發行受益憑證的證券投資基金產品，根據相關法律法規規定的投資範圍，投資於產品約定的權益類或固定收益類資產。公司主要的公募基金產品是開放式基金產品。而特定資產管理業務即基金管理公司向特定客戶募集資金或接受特定客戶委託擔任資產管理人，由商業銀行擔任資產託管人，以資產委託人的利益為目標，運用這些委託財產進行證券投資的業務活動。它按照業務形式不同可

以分為「一對一」專戶和「一對多」專戶兩種。

在 2015 年低迷的世界經濟環境與中國經濟下行壓力加強的環境下，公司基金業務整體表現較好，中郵核心主題混合全年組合淨值增長 57.65%，跑贏基準 50.67%；中郵戰略新興產業混合全年組合淨值增長 106.41%，跑贏基準 76.66%；中郵中小盤靈活配置混合全年組合淨值增長 58.73%，跑贏基準 34.22%；中郵核心成長混合全年組合淨值增長 49.77%，跑贏基準 42.39%；中郵上證 380 指數增強型基金全年組合淨值增長 43.89%，跑贏基準 7.40%。

（3）合晟資產

上海合晟資產管理股份有限公司是一家開展私募證券投資、股權投資、創業投資等私募基金業務的金融機構，公司長期聚焦於股權和債權市場的投資和研究，為企業和個人提供專業的資產管理、證券定價和財務規劃服務。

公司主營業務為從事私募基金的募集和管理，依靠給客戶提供資產管理服務獲取固定的管理費收入或者浮動的業績報酬。公司的客戶主要為兩類，分別是高淨值個人投資者和機構客戶，均為相關法律法規規定的合格投資者。公司獲得的客戶關鍵資源包括渠道資源和直銷資源，其中渠道資源包括銀行、證券公司和其他具有基金銷售資格的銷售機構等，直銷資源則為公司內部機構和高淨值客戶的銷售和服務團隊。因此，該公司發行的私募基金產品是以二級市場證券投資為主的，其投資方式是通過對不同經濟環境下、不同行業中企業信用和競爭優勢的分析和判斷，對相關證券進行合理估值，發現符合客戶風險收益特徵的證券及其組合，在證券從市場價值向內在價值的迴歸過程中，為客戶獲取穩定的超額收益。

（4）方富資本

北京方富資本管理股份有限公司是一家成立時間不長、規

模較小的私募基金管理人，以私募股權投資業務為主，以私募證券投資及其相關投資顧問業務為輔。公司在私募股權投資業務上，主要以募集資金投資、自有資金投資以及私募股權財務顧問服務三種方式參與私募股權管理運作；而在證券二級市場投資領域，主要基於私募基金指數進行FOF投資。

業務創新方面，公司打造了「GOG+FOF」的新資管模式，即搭建以優秀資產管理人為主的人才平臺，和搭建涵蓋機構、高淨值人群的資金平臺。2015年年底，公司管理基金投資項目，累計投資項目20個，分佈於細胞醫療、園林、智慧城市、互聯網、節能環保、軍工、新能源、生物肥等多個領域，拉動公司投資管理業務收入中的項目管理報酬大幅增加；同時，公司持有的可供出售金融資產較去年同期大幅增加，部分金融資產對應項目均在較好時點退出，實現收益，導致公司投資收益大幅增加，實現公司全年整體業績大幅增長。

4.1.1.2 掛牌私募基金公司的特點

新三板的掛牌基金公司中，幾乎以私募基金為主，並且從其主營業務判斷，大部分私募基金都是經營私募股權投資運作的，即對私有企業即非上市企業進行權益性投資，在交易實施過程中附帶考慮了將來的退出機制，即通過上市、併購或管理層回購等方式，出售持股獲利。少部分企業主營或附帶經營私募證券投資基金業務，即通過私募籌集資金在二級證券市場上進行交易使投資者資產增值並提取管理費或業績提成利潤的一種運作方式。從投資回報率來看，私募股權及其相關資本運作，只要項目退出時機選擇較好、項目質量較好，則可獲得比二級市場投資運作高出幾倍的投資收益，這也是近幾年各類中小型私募股權投資基金迅速發展的原因之一。在這些私募機構中，較為大型的掛牌機構的商業模式不僅涉及以私募股權投資或併購投資為主的私募產品發行與運作，也配有較為全面的投資增

值業務，以及與高校、政府建立業務共享平臺，共享知識儲備優勢和政策支持優勢，將業務擴展到各項基礎領域的全產業鏈資本運作的模式。而較為小型的私募機構業務仍然保持相對單一的現狀，一般是利用集團企業的資源優勢進行某一專業領域或專一項目的股權投資運作，很少涉及全產業鏈或者在某行業產生極大的資金影響力，其發行的股權投資類產品也相對較少，其業務利潤能維持在一個穩定的中小規模的水平。

4.1.2 掛牌證券公司

證券公司是專門從事有價證券買賣的法人企業，分為證券經營公司和證券登記公司。狹義的證券公司是指證券經營公司，是經主管機關批准並到有關工商行政管理局領取營業執照後專門經營證券業務的機構。它具有證券交易所的會員資格，可以承銷發行、自營買賣或自營兼代理買賣證券。普通投資人的證券投資都要通過證券商來進行。在新三板掛牌的證券公司共6家，雖然數量較少，但從資產規模上來看，算是新三板證券期貨業、甚至是所有掛牌金融機構中規模最大的企業。6家掛牌證券公司分別是湘財證券、聯訊證券、開源證券、東海證券、南京證券、華龍證券，有全國性綜合券商，也有地方性中小券商，部分券商存在與互聯網金融平臺聯合發展的趨勢。

4.1.2.1 典型掛牌公司簡介

在這6家掛牌證券公司中，按註冊資金和資產總額劃分，規模最大的為湘財證券，規模最小的為開源證券。由於中國證券公司主營業務和創新方式都較為相似，本部分按公司規模選取湘財證券和開源證券作為典型掛牌公司，對其業務模式及發展狀況進行概述。

（1）湘財證券

湘財證券股份有限公司於1999年獲得中國證監會批准，為

首家全國性綜合類證券公司。其主要業務包括：證券經紀，證券投資諮詢，與證券交易、證券投資活動有關的財務顧問，證券承銷與保薦，證券自營，證券資產管理，證券投資基金代銷，融資融券，轉融資，金融產品代銷，債券質押式報價回購，股票質押式回購等。

主營業務方面，湘財證券在證券經紀業務、資產管理業務、投資銀行業務、自營業務以及研究諮詢業務方面都兼顧發展。其中在傳統的證券經紀業務方面，湘財證券高度重視互聯網金融，穩步推進經紀業務與互聯網的融合，推進業務創新發展。公司證券經紀業務緊緊圍繞線上業務和線下業務兩條主線展開，線上業務努力實現營運模式和服務模式的創新，構建服務新平臺；線下業務狠抓低成本高效營運，培育高素質綜合服務團隊；同時建立線上業務和線下業務的良好互動。

（2）開源證券

開源證券股份有限公司成立於2001年，是經中國證監會批准設立的證券經營機構，註冊資本13億元。開源證券是從陝西省發展起來的地方性證券公司，但在業務網點的拓展上，已具備全國化的趨勢，在中國部分主要城市擁有營業網點，但總數無法與全國性大型券商相比。

公司的主營業務包含：證券經紀，證券投資諮詢，與證券交易、證券投資活動有關的財務顧問，證券承銷，證券自營，證券資產管理，融資融券，證券投資基金銷售，為期貨公司提供中間介紹業務，代銷金融產品業務。公司也和大部分券商一樣積極拓展互聯網業務以及移動網路業務。業務種類較為齊全，但由於規模效應，其創新力度不及大型券商。

4.1.2.2 掛牌證券公司的特點

在新三板掛牌的證券公司無論大型還是小型，無論全國還是地方，其主營業務幾乎均涉及證券公司全業務領域的營運，

而主要差別在於網點規模、投資團隊素質和業務及產品的創新力度。較為大型的掛牌券商不僅已具備實體營業部網點的規模優勢，也積極拓展線上業務，尤其是和國內網上股票證券交易分析軟件商聯合開發互聯網業務和移動網路業務，發展產品和業務創新的商業模式。小型掛牌券商雖然也有在互聯網業務領域發展的趨勢，但由於缺乏規模效應，其互聯網業務只是作為主營的一種輔助增值的部分，比如網路開戶、手機APP證券軟件等，還未形成較大的互聯網品牌價值。另外，小型券商在投資研究、顧問業務以及產品開發方面，從產品數量和質量上也較大型券商相對落後，在業務地域上更多地依賴當地及其輻射周邊地帶投資者對其的熟悉度和地域的便捷性。

4.1.3 掛牌期貨公司

期貨公司是指依法設立的、接受客戶委託、按照客戶的指令、以自己的名義為客戶進行期貨交易並收取交易手續費的仲介組織，其交易結果由客戶承擔。期貨公司是交易者與期貨交易所之間的橋樑。期貨交易者是期貨市場的主體，正是因為期貨交易者具有套期保值或投機盈利的需求，才促進了期貨市場的產生和發展。在新三板掛牌的期貨公司共5家，分別是創元期貨、永安期貨、海航期貨、天風期貨以及華龍期貨。

4.1.3.1 典型掛牌公司簡介

在5家掛牌期貨公司中，最具行業典範的公司為永安期貨，它也是當中資產規模和營業規模最大的期貨公司，而規模相對較小的期貨公司為華龍期貨。本部分則以這兩家期貨公司為代表，對掛牌期貨公司的主營業務及發展情況進行概述。

（1）永安期貨

永安期貨股份有限公司註冊資本為13.1億元，自成立以來經營規模一直佔據浙江省第一，是國內唯一一家連續18年躋身

全國十強行列的期貨公司。其經營範圍包括商品期貨經紀、金融期貨經紀、期貨投資諮詢、資產管理、基金銷售。公司總部設在杭州，在北京、上海、廣州、深圳等38個城市設有營業部、分公司，在美國芝加哥設有辦事處，在中國香港地區、新加坡設有子公司。

在主營業務方面，公司積極創新拓展混業經營、風險管理、財富管理、互聯網化、全球配置五大業務領域，極力打造綜合金融衍生品服務商。在創新方面，永安期貨一直處於期貨業較為領先的地位，在業內率先嘗試組織形式創新，經整體變更，改制設立永安期貨股份有限公司，成為國內首家股份制期貨公司，同時也是國內首家獲准成立博士后工作站試點單位的期貨公司，以及國內首批獲准開展期貨投資諮詢業務和資產管理業務的期貨公司。

（2）華龍期貨

華龍期貨股份有限公司成立於1992年11月，是中國最早成立的期貨公司之一，也是註冊地在甘肅省的唯一一家期貨公司。公司擁有良好的國企背景。公司提供的主要服務為商品期貨經紀、金融期貨經紀、期貨投資諮詢、資產管理業務，但目前公司的核心業務是期貨經紀業務。在業務模式上，公司相對缺少創新，成立至今，主要是以商品期貨及股指期貨經紀交易業務為主的經營模式，但也隨期貨行業發展方向，建設資產管理業務等創新業務。

4.1.3.2 掛牌期貨公司的特點

期貨行業在中國相較於證券行業發展較晚，幾乎沒有獨立的期貨公司在主板市場上市。但近幾年期貨行業有明顯的發展加速現象，在新三板掛牌的期貨公司數量與證券公司數量並駕齊驅。然而在資產規模和營業收入上，掛牌期貨公司中僅有永安期貨一家能達到掛牌券商的平均規模水平，大部分期貨公司

呈現較強的地方性，並具有以期貨經紀業務為主的發展模式。相對較大型的永安期貨逐步擺脫了期貨公司以經紀業務為主的單一發展模式，開拓了以大資管業務為未來發展方向的商業模式，並積極與學校、政府平臺合作，極大地提升了期貨公司在公眾中的形象，使其品牌知名度得到極大的提升。公司也拓展了業務渠道，在各方面均得到良好的發展。小型期貨公司雖然在商業模式上也逐漸向資產管理方向發展，但在公眾宣傳及品牌構建領域的拓展力度不夠，其創新業務的規模提升也相對有限。

4.1.4 掛牌投資諮詢公司

投資諮詢公司在西方國家中被稱為投資顧問，是證券投資者的職業性指導者，包括機構和個人。投資諮詢公司主要是向顧客提供參考性的證券市場統計分析資料，對證券買賣提出建議，代擬某種形式的證券投資計劃等。在中國，投資諮詢公司只能經營顧問業務，沒有經營經紀業務或其他資本營運業務的資格。在新三板掛牌的投資諮詢公司僅有3家，即天信投資、華訊投資、銀紀資產，其資產規模在同一水平。但從營業收入規模看，天信投資與華訊投資相較於銀紀資產要高出很多。本部分對這3家公司的主營情況進行概述。

（1）天信投資

福建天信投資諮詢顧問股份有限公司成立於1996年，是國內首批經中國證監會認證批准的證券投資諮詢機構。它主要從事證券投資諮詢服務業務，為全國各類投資機構和個人投資者提供專業的證券投資諮詢服務。公司為金融服務型企業，主要向證券投資者提供諮詢服務，專注於證券投資諮詢服務已有二十年。證券投資諮詢服務業務是公司通過銷售自主研發的投資顧問產品金沙寶千足金、金沙寶萬足金，在中金在線的網路平

臺上提供證券投資資訊服務獲得收益，是以研發、銷售和售后為一體的商業模式。

（2）華訊投資

大連華訊投資股份有限公司致力於為廣大投資者提供專業、專屬、專注的高端證券投資諮詢服務。公司業務通過營運的三家資訊網站予以開展，其中北京分公司營運華訊財經網站，深圳分公司營運華股財經網站和華訊投顧網站。華訊財經網站為用戶提供各類財經資訊，並在此基礎上為付費用戶提供包括操盤寶庫、財富至尊、至尊寶庫、培訓課程等在內的各種增值服務；華股財經網站為用戶提供各類財經資訊的同時，將部分更高需求的用戶導向華訊投顧網站，由華訊投顧網站為付費用戶提供投顧周報、投顧日報、短線出擊、私人定制等服務。公司處於證券投資諮詢服務行業，主要為中小投資者提供證券投資諮詢服務，主要依託網站、微信行銷平臺、APP等新型互聯網媒介吸引、服務目標客戶群體，以直銷模式，通過與客戶進行持續瞭解、溝通，並推送相關投資策略信息，將潛在客戶轉為有效客戶。公司憑藉互聯網技術及專業的投資顧問團隊和全方位的客戶服務團隊為高端付費客戶提供個性化服務，從而獲得收入。

（3）銀紀資產

上海銀紀資產管理股份有限公司是一家專注於優質企業股權投資以及股票、債券等二級市場投資，為高淨值客戶和投資機構提供專業資產管理服務的企業。公司成立於2012年8月，註冊資本為4,835萬元，業務範圍包括資產管理、投資諮詢和投資顧問服務。

與天信投資和華訊投資不同之處在於，銀紀資產除了經營投資諮詢業務以外，還有自主管理的基金投資業務。公司現階段僅有兩種基金產品，主要為股票型基金和混合型基金，投資

於二級證券市場。因此嚴格界定，銀紀資產是具備私募基金管理人特點的投資諮詢顧問企業。

4.2 證券期貨類掛牌金融機構成長性指標對比分析

按照本書第 2 章第 3 節中的金融機構成長性評價指標體系，本部分主要從企業規模、盈利能力、成長潛力以及安全性四方面對證券期貨類掛牌金融機構的成長性指標進行對比分析。

4.2.1 掛牌證券期貨類機構的規模對比

從表 4-1 中的資產總額、員工數和營業收入總額三項規模指標中可以看出，在 37 家證券期貨類掛牌金融機構中，資產總額最大的為南京證券，營業收入最高的為東海證券，員工人數最多的為九鼎投資（其次是東海證券）。由此說明，在所有掛牌證券期貨類金融機構中，證券公司是最具規模性的。和銀行業一樣，掛牌證券期貨機構的規模差距也較大，主要差距產生於私募基金管理公司之中，規模最大的私募基金公司為九鼎集團，其資產規模和年營業收入情況均僅次於掛牌券商，而資產和營業收入規模最小的私募基金管理人，如擁灣資產，其年營業收入僅為 247 萬元。然而在新三板掛牌的證券期貨類機構在營業收入的平均值上相較於掛牌銀行業要高出很多。

表 4-1　掛牌證券期貨類機構規模指標一覽

交易代碼	證券簡稱	資產總額（萬元）	員工總數（人）	營業總收入（萬元）
430399	湘財證券	4,087,002.51	1,721	302,833.62

表4-1(續)

交易代碼	證券簡稱	資產總額（萬元）	員工總數（人）	營業總收入（萬元）
430719	九鼎集團	3,929,729.78	2,426	252,555.78
830899	聯訊證券	2,615,312.68	1,475	155,183.60
831639	達仁資管	132,293.82	32	4,212.04
831889	天信投資	7,803.42	147	4,944.55
831896	思考投資	42,473.73	23	680.39
832168	中科招商	2,069,490.78	592	45,852.30
832280	創元期貨	74,502.68	154	7,087.52
832396	開源證券	817,721.82	875	89,165.31
832793	同創偉業	72,641.17	75	21,975.14
832970	東海證券	3,948,575.64	2,179	484,065.94
833044	硅谷天堂	1,011,380.57	262	164,037.30
833502	聯創投資	33,093.17	41	5,207.19
833689	架橋資本	12,007.21	13	2,053.45
833732	合晟資產	4,444.91	24	2,855.09
833840	永安期貨	2,466,736.23	885	436,104.25
833858	信中利	367,851.04	146	4,333.51
833868	南京證券	4,291,534.07	1,517	299,720.30
833880	中城投資	843,822.54	87	86,210.11
833899	菁英時代	32,995.04	25	7,519.43
833924	華訊投資	8,434.23	362	5,984.30
833962	方富資本	14,731.72	40	4,578.79
833979	天圖投資	582,476.95	54	557.13
833998	久銀控股	42,801.07	68	14,765.17
834089	浙商創投	184,032.98	73	15,318.88
834104	海航期貨	125,646.42	154	15,504.69

表4-1(續)

交易代碼	證券簡稱	資產總額（萬元）	員工總數（人）	營業總收入（萬元）
834277	天風期貨	133,418.02	148	16,124.26
834303	華龍期貨	89,848.59	63	4,109.28
834344	中郵基金	162,656.67	171	101,243.74
834395	博信資產	19,097.79	22	8,293.25
834502	富海銀濤	4,312.03	20	2,706.78
834606	擁灣資產	47,832.27	14	247.50
834759	麥高金服	35,617.39	24	4,136.56
834904	銀紀資產	8,038.68	23	626.00
834960	金茂投資	18,232.62	46	4,523.72
835075	清源投資	4,596.30	41	2,732.97
835337	華龍證券	2,998,207.33	1,610	251,121.65
最大值		4,291,534.07	2,426	484,065.94
最小值		4,312.03	13	247.50
中值		89,848.59	75	7,519.43
平均值		847,064.70	422	76,464.09
標準差		1,363,843.68	664.60	127,037.82

4.2.2 掛牌證券期貨類機構的盈利能力對比

相較於新三板掛牌銀行業，證券期貨類機構的盈利能力差異性更大，並且部分企業在各類收益率上出現負值。如表4-2所示，在收益率方面，證券期貨類機構的平均值明顯比銀行類機構要高，尤其是年均營業利潤率，行業均值為125.46%，但標準差很大。營業利潤率最高的機構為天圖投資，三年年均營業利潤率能達到5,335.92%，而最低的為合晟資產，三年年均

值為-1,104.14%。這兩家企業均屬於私募基金公司，但規模差距較大，合晟資產屬於小型私募基金管理人，而天圖投資規模在同類掛牌企業中居中。就營業收入絕對值而言，合晟資產比天圖投資高出很多，但就成本費用邊際效用來說，天圖投資比合晟資產高出4倍，造成營業利潤率的差距較大。證券公司、期貨公司與公募基金的營業利潤率與私募基金公司相比，要小很多，但相對較為穩定，私募基金中盈利能力較強的公司的營業利潤率能達到60%，極大地拉高了行業均值。

表4-2 掛牌證券期貨類機構盈利能力指標一覽

交易代碼	證券簡稱	三年年均淨資產收益率（%）	三年年均總資產收益率（%）	三年年均營業利潤率（%）	三年年均成本費用利潤率（%）
430,399	湘財證券	15.94	2.36	41.78	83.12
430719	九鼎集團	-55.19	2.38	32.72	63.29
830899	聯訊證券	6.79	0.95	19.39	29.21
831639	達仁資管	22.77	15.47	136.52	455.76
831889	天信投資	38.55	14.51	23.35	36.40
831896	思考投資	8.12	4.62	204.34	51.05
832168	中科招商	12.56	6.11	185.53	161.28
832280	創元期貨	3.36	0.72	9.96	11.02
832396	開源證券	6.85	1.86	25.16	38.41
832793	同創偉業	23.75	15.16	42.96	76.59
832970	東海證券	15.26	3.11	38.12	67.15
833044	硅谷天堂	13.60	5.04	55.16	196.73
833502	聯創投資	34.29	17.56	46.65	81.75
833689	架橋資本	12.44	6.71	59.63	77.72
833732	合晟資產	37.46	20.67	-1,104.14	91.56

表4-2(續)

交易代碼	證券簡稱	三年年均淨資產收益率(％)	三年年均總資產收益率(％)	三年年均營業利潤率(％)	三年年均成本費用利潤率(％)
833840	永安期貨	19.96	1.86	21.49	28.93
833858	信中利	27.11	6.75	457.00	354.81
833868	南京證券	15.00	2.72	50.44	111.32
833880	中城投資	12.54	3.36	36.99	60.73
833899	菁英時代	17.31	6.40	-714.37	66.02
833924	華訊投資	-20.76	-63.51	-63.09	-21.20
833962	方富資本	119.78	-20.55	-133.53	116.57
833979	天圖投資	28.42	5.65	5,335.92	459.39
833998	久銀控股	17.10	7.88	19.92	66.14
834089	浙商創投	56.24	19.46	71.20	240.78
834104	海航期貨	1.41	0.50	6.69	7.91
834277	天風期貨	11.87	1.60	17.60	26.18
834303	華龍期貨	5.67	1.48	34.56	52.91
834344	中郵基金	25.83	17.52	41.34	70.38
834395	博信資產	41.28	26.82	42.27	78.54
834502	富海銀濤	46.79	24.88	42.01	62.78
834606	擁灣資產	24.20	5.98	70.54	101.25
834759	麥高金服	-0.71	-0.19	-259.00	268.72
834904	銀紀資產	-7.08	0.18	-319.83	45.22
834960	金茂投資	5.09	2.31	14.75	17.82
835075	清源投資	14.66	3.76	8.58	9.45
835337	華龍證券	15.22	2.67	43.41	82.15
最大值		119.78	26.82	5,335.92	459.39

表4-2(續)

交易代碼	證券簡稱	三年年均淨資產收益率(%)	三年年均總資產收益率(%)	三年年均營業利潤率(%)	三年年均成本費用利潤率(%)
最小值		-55.19	-63.51	-1,104.14	-21.20
中值		15.22	3.76	36.99	67.15
平均值		18.20	4.72	125.46	103.46
標準差		25.36	14.23	902.76	112.71

4.2.3 掛牌證券期貨類機構的成長潛力對比

掛牌證券期貨機構的成長潛力指標相較於銀行業也有較大的離散性。如表4-3所示，在營業收入、淨利潤、總資產、淨資產、每股收益的增長情況上，成長情況較好的企業能達到年均幾十倍的增長速度，而成長情況較差的幾乎都為負增長。淨利潤增長方面，成長性最好的為銀紀資產，淨利潤增長率達到3,592%，最差的為博信資產，淨利潤增長率為-35%，而這兩家企業也均為私募基金管理機構。營業收入增長方面，天圖投資雖然是同類掛牌機構中營業利潤率最高的企業，但其營業收入增長率卻是同類機構中表現最差的，為-86.4%，這說明私募基金管理機構高收入、高利潤具有不穩定性。另外，在每股收益增長率和資本累積率方面，表現最好與最差的也均為私募基金公司。而券商與期貨公司在表4-3羅列的五項指標上，都呈現出正增長，增長幅度上，券商明顯要高於期貨公司。

表 4-3　掛牌證券期貨類機構成長潛力指標一覽

交易代碼	證券簡稱	營業收入兩年年均增長率（%）	淨利潤兩年年均增長率（%）	總資產兩年年均增長率（%）	每股收益兩年年均增長率（%）	兩年年均資本累積率（%）
430399	湘財證券	90.96	204.95	84.04	208.22	29.20
430719	九鼎集團	184.32	374.07	576.67	-79.37	859.61
830899	聯訊證券	119.04	663.62	211.18	191.55	181.89
831639	達仁資管	141.95	273.49	664.08	21.77	652.91
831889	天信投資	100.89	541.32	202.47	228.63	351.68
831896	思考投資	302.83	385.00	356.76	180.00	471.97
832168	中科招商	2.23	225.29	180.41	178.89	191.92
832280	創元期貨	10.96	13.87	7.70	11.80	0.03
832396	開源證券	133.74	889.98	55.85	150.00	16.11
832793	同創偉業	73.73	95.75	120.68	-45.10	135.17
832970	東海證券	87.38	193.47	60.61	189.56	25.40
833044	硅谷天堂	118.34	149.50	82.72	45.44	104.31
833502	聯創投資	18.18	18.74	134.67	-20.12	165.28
833689	架橋資本	-0.24	3.90	42.98	-37.98	38.17
833732	合晟資產	2,659.27	335.32	65.30	332.89	97.00
833840	永安期貨	122.48	47.99	45.64	49.67	69.05
833858	信中利	665.30	768.10	78.80	585.40	121.34
833868	南京證券	71.85	128.37	97.98	125.20	50.24
833880	中城投資	27.53	0.12	24.48	-20.23	5.25
833899	菁英時代	4,445.08	2,354.00	136.22	358.20	208.84
833924	華訊投資	353.84	295.90	421.55	136.47	474.54
833962	方富資本	856.95	357.29	744.04	144.76	1,199.60
833979	天圖投資	-86.40	71.16	57.16	-74.56	223.69
833998	久銀控股	234.04	287.73	104.50	233.24	88.75

表4-3(續)

交易代碼	證券簡稱	營業收入兩年年均增長率(%)	淨利潤兩年年均增長率(%)	總資產兩年年均增長率(%)	每股收益兩年年均增長率(%)	兩年年均資本累積率(%)
834089	浙商創投	11.50	8.98	193.48	-74.63	210.61
834104	海航期貨	32.22	-29.43	8.56	-29.29	1.27
834277	天風期貨	32.07	147.51	29.50	138.05	27.74
834303	華龍期貨	45.44	50.28	79.18	34.16	6.63
834344	中郵基金	60.29	65.54	45.89	-4.73	24.96
834395	博信資產	-28.17	-35.54	3.67	-74.84	12.42
834502	富海銀濤	-22.24	-16.06	-21.34	-16.11	-10.69
834606	擁灣資產	-18.76	966.50	477.24	864.10	711.65
834759	麥高金服	1,074.25	631.71	233.95	152.45	239.91
834904	銀紀資產	396.05	3,592.40	90.96	3,551.43	225.19
834960	金茂投資	27.54	46.22	8.73	-49.20	9.14
835075	清源投資	7.33	900.30	23.71	799.60	54.47
835337	華龍證券	81.49	141.61	65.22	139.79	23.07
最大值		4,445.08	3,592.40	744.04	3,551.43	1,199.60
最小值		-86.40	-35.54	-21.34	-79.37	-10.69
中值		81.49	193.47	82.72	136.47	97.00
平均值		336.03	409.43	156.63	230.41	197.25
標準差		831.63	688.05	187.17	594.57	268.29

4.2.4 掛牌證券期貨類機構的安全性對比

如表4-4所示，在掛牌證券期貨行業機構中，資產負債率最高的為證券公司與期貨公司，其平均值均在75%左右，其中資產負債率最大的機構為永安期貨，達到86.78%。掛牌私募基

金的資產負債率就相對小很多，為 5%～70%，但大部分均在 40%左右。資產負債率最小的企業為達仁資管，也僅此一家的資產負債率低於 10%，雖然負債占比偏低，但並不影響達仁資管較好的利潤水平和盈利增長水平，其營業利潤率和成本費用率都高於同行水平。因此在私募基金行業，低資產負債率意味著較高的安全性，也並不會成為盈利性的拖累。

表 4-4　　掛牌證券期貨類機構資產負債率一覽

交易代碼	證券簡稱	三年年均資產負債率（%）
430399	湘財證券	79.46
430719	九鼎集團	44.97
830899	聯訊證券	80.58
831639	達仁資管	5.57
831889	天信投資	51.20
831896	思考投資	18.44
832168	中科招商	36.37
832280	創元期貨	78.40
832396	開源證券	61.18
832793	同創偉業	19.41
832970	東海證券	73.21
833044	硅谷天堂	21.96
833502	聯創投資	17.06
833689	架橋資本	11.81
833732	合晟資產	37.07
833840	永安期貨	86.78
833858	信中利	40.82
833868	南京證券	73.62
833880	中城投資	67.58

表4-4(續)

交易代碼	證券簡稱	三年年均資產負債率（%）
833899	菁英時代	40.10
833924	華訊投資	76.15
833962	方富資本	68.22
833979	天圖投資	59.47
833998	久銀控股	17.65
834089	浙商創投	50.63
834104	海航期貨	57.32
834277	天風期貨	84.21
834303	華龍期貨	69.49
834344	中郵基金	22.17
834395	博信資產	33.77
834502	富海銀濤	28.62
834606	擁灣資產	41.19
834759	麥高金服	20.78
834904	銀紀資產	52.32
834960	金茂投資	33.41
835075	清源投資	49.11
835337	華龍證券	78.33
最大值		86.78
最小值		5.57
中值		49.11
平均值		48.34

4.3 基於因子分析的成長性評分

本部分結合在新三板掛牌的 37 家證券期貨類機構近 3 年（2013—2015 年）的業績水平和業績變化，以及本書第 2 章所構建的新三板掛牌金融機構成長性指標體系，基於因子分析模型，對在新三板掛牌的所有證券期貨類機構的成長性進行實證研究。

4.3.1 因子分析及其得分函數構建

（1）掛牌證券期貨類機構成長性評價指標的選擇

本部分在第 2 章中對新三板掛牌金融機構成長性指標體系的構建基礎上，考慮系統性、科學性、導向性以及指標之間的相關性等原則，從指標體系中挑選 10 個符合證券期貨類機構成長性特徵的指標用作因子分析。指標名稱及編號如表 4-5 所示。

表 4-5 掛牌證券期貨類機構成長性評級指標的選擇

指標編號	指標名稱
X1	資產總額（萬元）
X2	員工總數（人）
X3	營業總收入（萬元）
X4	三年年均淨資產收益率（%）
X5	三年年均總資產收益率（%）
X6	三年年均營業利潤率（%）
X7	三年年均成本費用利潤率（%）
X8	淨利潤兩年年均增長率（%）
X9	總資產兩年年均增長率（%）
X10	每股收益兩年年均增長率（%）

（2）對樣本原始數據的統計檢驗

如表 4-6 中的 KMO 和巴特利特球度檢驗結果所示，KMO 抽樣測試值為 0.528，意味著變量間的相關性一般，原有變量勉強適合做因子分析；然而，巴特利特球度檢驗值為 224.062，檢驗的顯著性水平為 0.000，說明其對應的相伴概率值小於顯著性水平 0.05，因此拒絕巴特利特球度檢驗的零假設，認為相關係數矩陣不可能是單位陣，即原始變量之間存在相關性，樣本可以進行因子分析。

表 4-6　　　　　KMO 和巴特利特球度檢驗

Kaiser-Meyer-Olkin Measure of Sampling Adequacy.		.528
Bartlett's Test of Sphericity	Approx. Chi-Square	224.062
	df	45
	Sig.	.000

（3）主因子的提取

本部分按特徵值大於 1 的標準，採用因子分析中的主成分法來提取主因子。從因子碎石圖中可以看出（見圖 4-1），因子 1、因子 2、因子 3、因子 4 之間的斜率較大，與其餘因子相比，這四個因子的特徵值差值相對較大，而其餘因子構成的折線斜率相對較小，特徵值差值也較小，故可以忽略。所以，本部分選取四個因子來代表原有變量。同時從表 4-7 因子分析的總方差解釋中可以明確地得出主因子的特徵值及其貢獻率，前四個因子的特徵值均大於 1，且累積貢獻率已達到了 78.847%，即這四個因子反應了原指標 78.847% 的信息，說明它們可以基本反應新三板掛牌證券期貨類機構的成長性。

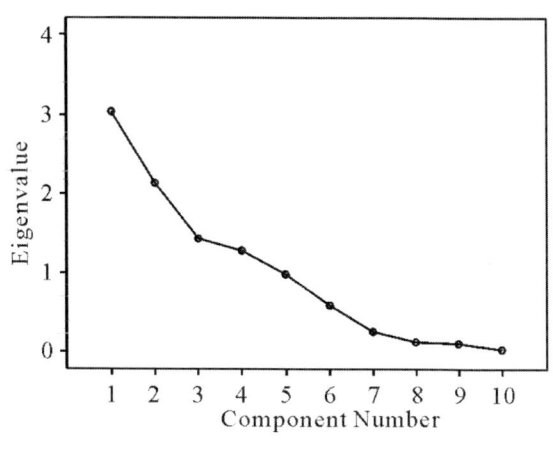

圖 4-1　因子碎石圖

表 4-7　　　　　因子分析的總方差解釋

Component	Initial Eigenvalues			Extraction Sums of Squared Loadings		
	Total	% of Variance	Cumulative %	Total	% of Variance	Cumulative %
1	3.035	30.354	30.354	3.035	30.354	30.354
2	2.133	21.325	51.679	2.133	21.325	51.679
3	1.434	14.342	66.021	1.434	14.342	66.021
4	1.283	12.826	78.847	1.283	12.826	78.847
5	.989	9.888	88.736			
6	.593	5.934	94.670			
7	.259	2.590	97.260			
8	.132	1.315	98.575			
9	.109	1.085	99.660			
10	.034	.340	100.000			

（4）對主因子的命名和解釋

本部分的分析採用方差最大旋轉法對因子載荷矩陣實行正交旋轉，它使每個因子具有最高載荷的變量數最小，從而可以簡化對因子的解釋，使得對主因子（公共因子）有更具實際意

義的理解。旋轉后因子負載值如表 4-8 所示。

表 4-8　　　　　　　旋轉后的因子載荷矩陣

	Component 1	Component 2	Component 3	Component 4
X1	.967	-.085	.056	.014
X2	.962	-.063	-.046	.105
X3	.916	-.124	-.047	-.073
X4	-.452	-.294	.226	-.068
X5	-.123	-.085	.221	-.782
X6	.024	-.089	.803	-.060
X7	-.125	-.030	.911	.055
X8	-.078	.950	-.061	.073
X9	-.059	-.014	.192	.854
X10	-.059	.950	-.056	-.008

設 F 為提取出的公共因子，則四個主因子可分別表示為 F1、F2、F3、F4。第一個主因子 F1 在 X1、X2、X3 上的系數分別為 0.967、0.962、0.916，大於其他變量的系數，說明 F1 涵蓋了資產總額、員工總數、營業總收入，因此該因子可以概括為企業規模現狀的因子。第二個主因子 F2 在 X8 和 X10 上的系數較大，均為 0.95，大於其他變量的系數，說明 F2 涵蓋了淨利潤兩年年均增長率和每股收益兩年年均增長率，因此該因子可以概括為企業收益成長性的因子。第三個主因子 F3 在 X6、X7 上的系數較大，分別為 0.803、0.911，大於其他變量的系數，說明 F3 涵蓋了營業利潤率和成本費用利潤率，因此該因子可概括為企業主營業務和成本費用盈利水平的因子。第四個主因子 F4 僅在 X9 上的系數較大，為 0.854，說明 F4 表示總資產兩年年均增長率，因此可概括為企業總資產成長性的因子。

（5）因子得分函數的構建

採用迴歸法估計因子得分系數，輸出的因子得分系數矩陣如表4-9所示。根據因子得分系數可構建以下各因子的得分函數：

$$F1 = 0.338X1+0.327X2+0.314X3-0.158X4-0.008X5$$
$$+0.058X6+0.013X7+0.019X8-0.037X9+0.029X10$$
$$F2 = 0.013X1+0.009X2-0.017X3-0.157X4+0.016X5$$
$$+0.042X6+0.071X7+0.502X8-0.4X9+0.508X10$$
$$F3 = 0.091X1+0.027X2+0.017X3+0.085X4+0.128X5$$
$$+0.51X6+0.576X7+0.056X8+0.115X9+0.061X10$$
$$F4 = -0.016X1+0.05X2-0.076X3-0.019X4-0.567X5$$
$$-0.043X6+0.043X7+0.001X8+0.631X9-0.059X10$$

其中，X1，X2，X3，…，X10的取值為各指標值標準化后的數據，再以各因子所對應的貢獻率（如表4-7所示）作為權重進行加權求和，即可得到綜合評價得分F。其計算公式為：

$$F = 0.303,54F1+0.213,25F2+0.143,42F3+0.128,26F4$$

表4-9　　　　　　　　因子得分系數矩陣

	Component			
	1	2	3	4
X1	.338	.013	.091	-.016
X2	.327	.009	.027	.050
X3	.314	-.017	.017	-.076
X4	-.158	-.157	.085	-.019
X5	-.008	.016	.128	-.567
X6	.058	.042	.510	-.043
X7	.013	.071	.576	.043

表4-9(續)

	Component			
	1	2	3	4
X8	.019	.502	.056	.001
X9	-.037	-.040	.115	.631
X10	.029	.508	.061	-.059

4.3.2 掛牌證券期貨類機構的因子得分和綜合評分

通過SPSS軟件對上述構建的因子得分函數的計算，可得到每家掛牌證券期貨類機構的四個主因子的分值，並且按照綜合評分函數，用Excel計算得出各機構成長性的綜合分值以及排名。其因子得分與綜合評分排名情況如表4-10所示。

表4-10 掛牌證券期貨類機構的因子得分和綜合評分情況

交易代碼	證券簡稱	F1	F2	F3	F4	綜合評分	綜合評分
834904	銀紀資產	-0.200,7	5.196,0	-0.194,9	-0.317,0	0.978,5	1
430719	九鼎集團	2.499,3	0.073,4	0.008,9	1.568,8	0.976,8	2
832970	東海證券	2.623,5	-0.182,1	-0.009,3	-0.408,3	0.703,8	3
430399	湘財證券	1.988,4	-0.138,6	0.053,2	-0.225,2	0.552,7	4
833979	天圖投資	-0.126,6	-0.080,3	4.577,6	-0.435,0	0.545,2	5
833868	南京證券	1.932,1	-0.243,0	0.199,0	-0.189,9	0.538,8	6
830899	聯訊證券	1.186,7	0.173,3	-0.286,6	0.329,7	0.398,3	7
835337	華龍證券	1.545,4	-0.238,5	-0.056,5	-0.258,1	0.377,0	8
831639	達仁資管	-0.646,8	-0.181,5	2.096,5	1.434,1	0.249,6	9
833840	永安期貨	1.475,0	-0.480,2	-0.396,3	-0.462,0	0.229,2	10
833858	信中利	-0.392,3	0.693,5	1.463,9	-0.273,0	0.203,8	11
833924	華訊投資	-0.214,3	-0.140,2	-1.392,1	3.611,2	0.168,6	12
832168	中科招商	0.338,2	-0.088,8	0.395,9	0.068,2	0.149,2	13
834606	擁灣資產	-0.636,7	0.825,6	0.214,5	0.976,8	0.138,8	14
832396	開源證券	0.330,3	0.324,9	-0.459,6	-0.198,7	0.078,2	15

表4-10(續)

交易代碼	證券簡稱	F1	F2	F3	F4	綜合評分	綜合評分
834759	麥高金服	-0.468,0	0.269,5	0.490,8	0.574,8	0.059,5	16
833899	菁英時代	-0.548,7	1.454,4	-0.565,6	-0.096,1	0.050,2	17
833044	硅谷天堂	0.207,5	-0.256,6	0.349,6	-0.265,0	0.024,4	18
835075	清源投資	-0.499,5	0.815,7	-0.622,9	-0.460,3	-0.126,0	19
831896	思考投資	-0.555,8	-0.072,3	-0.218,0	0.683,3	-0.127,7	20
833962	方富資本	-1.308,2	-0.891,7	0.298,1	2.921,5	-0.169,8	21
833880	中城投資	-0.112,6	-0.480,8	-0.446,1	-0.400,1	-0.252,0	22
833998	久銀控股	-0.517,8	-0.095,7	-0.338,5	-0.286,2	-0.262,8	23
831889	天信投資	-0.662,3	-0.077,8	-0.277,5	-0.235,2	-0.287,6	24
834089	浙商創投	-0.743,3	-0.690,0	0.812,2	-0.383,5	-0.305,5	25
834303	華龍期貨	-0.472,8	-0.372,0	-0.544,7	-0.091,2	-0.312,7	26
834277	天風期貨	-0.416,4	-0.259,1	-0.671,4	-0.286,1	-0.314,6	27
834344	中郵基金	-0.291,0	-0.491,8	-0.245,0	-0.888,0	-0.342,2	28
832793	同創偉業	-0.553,5	-0.497,6	-0.216,9	-0.497,6	-0.369,1	29
832280	創元期貨	-0.404,9	-0.415,6	-0.829,5	-0.304,4	-0.369,5	30
834104	海航期貨	-0.363,7	-0.472,0	-0.858,0	-0.294,2	-0.371,8	31
833689	架橋資本	-0.558,9	-0.478,8	-0.377,3	-0.408,6	-0.378,3	32
834960	金茂投資	-0.490,0	-0.449,3	-0.784,0	-0.362,2	-0.403,4	33
833502	聯創投資	-0.689,3	-0.592,0	-0.134,0	-0.546,3	-0.424,8	34
833732	合晟資產	-0.764,4	-0.114,5	-0.671,5	-0.877,9	-0.465,3	35
834395	博信資產	-0.721,8	-0.684,8	-0.138,1	-1.349,6	-0.558,0	36
834502	富海銀濤	-0.766,3	-0.661,1	-0.226,1	-1.369,0	-0.581,6	37

4.4 證券期貨類掛牌金融機構成長性綜合評價

從因子分析法得到的綜合評價函數中可以看出，在對新三板證券期貨類掛牌金融機構進行成長性評價時，最重要的四個影響因素分別為企業規模、企業收益增長性、主營業務和成本費用盈利水平以及總資產成長性。上述四個因素對綜合成長性

的貢獻率較為均勻，其中，企業規模的貢獻率相較於其他三個因素略微高一點，為30.354%，其他三個因素的貢獻率依次為21.325%、14.342%、12.826%。相比這四個因素，其他指標的貢獻能力都相對較低。因此，在新三板掛牌的證券期貨類機構在發展時，應均衡地注意規模效應、主營業務盈利水平、成本費用的控制以及總資產的擴張性，協調發展這四方面能力，才能提高其綜合成長能力。

從表4-10的成長性綜合得分來看，2013—2015年，新三板市場中已掛牌的37家證券期貨類機構中，50%的評分為正值，50%的評分為負值。其中，成長性最好的為銀紀資產和九鼎集團這兩家私募股權投資基金公司，其次是證券公司，即東海證券和湘財證券，並且幾乎所有掛牌券商的評分均為正值，屬於新三板市場中成長性較為穩定的一類金融機構。而期貨公司中除了永安期貨是在期貨行業中最具成長性的企業，其餘期貨公司的成長性排名都較靠後，其綜合評分均為負值。由此可以看出，在上述四類成長性較好的企業中，私募基金公司的成長性比券商的成長性更好。但大部分私募基金公司上述四個因素的差異性較大，導致其成長性差異較大，真正具備規模效應並且盈利能力和成長性較好的私募基金公司並不多。這也說明現今中國私募基金公司的經營風險較大，雖然這個行業高風險伴隨高收益以及高成長性，但同樣，極大的市場風險性特徵導致該行業機構的綜合成長質量差異較大。

5 保險類掛牌金融機構的成長性

5.1 保險類掛牌金融機構概況

按照全國中小企業股份轉讓系統的分類標準，截至 2016 年 2 月，在新三板掛牌的歸屬保險業的金融機構一共有 13 家，但其中屬於真正經營財產保險、健康保險等綜合保險公司的機構只有 1 家，其余機構的主營業務均屬於保險代理、保險公估、保理服務以及綜合性保險仲介業務。據統計，在 13 家保險類掛牌金融機構中，除永誠保險 1 家公司為全國性股份制財產保險公司，有 8 家為保險代理機構，2 家為保險公估機構，1 家為保理機構，1 家為同時涉及保險代理、公估和保理業務的保險專業仲介機構。

5.1.1 掛牌保險公司

保險公司是採用公司組織形式的保險人，經營保險業務。保險關係中的保險人，享有收取保險費、建立保險費基金的權利。同時，當保險事故發生時，保險人有義務賠償被保險人的經濟損失。在中國，保險公司是指經中國保險監督管理機構批准設立，並依法登記註冊的商業保險公司，包括直接保險公司

和再保險公司。在新三板上市的保險類企業中，僅有永誠保險一家屬於國家批准的商業保險公司。

永誠財產保險股份有限公司成立於2004年，是由國內外實力雄厚的大型電力企業集團和產業投資集團共同發起組建的全國性股份制財產保險公司，總部設於上海，目前註冊資本金21.78億元，員工超過5,000人，已擁有33家省級分公司、240余家中心支公司及行銷服務部，形成了完善的全國性服務網路。公司業務範圍包括財產損失保險、責任保險、信用保險和保證保險、短期健康保險和意外傷害保險、機動車輛保險、再保險業務、國家法律法規允許的保險資金運用業務以及經保監會批准的其他業務。公司的保險業務發展遵循「以電力能源保險業務為基礎，積極開拓其他大型商業風險領域」的發展戰略，堅持專業化的市場定位，積極拓展股東發電業務及延伸業務，以實現「電力能源承保技術和承保能力領先於同業、電力能源市場份額領先於同業」的戰略目標。目前，公司電力保險業務已躋身中國保險行業第一軍團的行列。除電力保險業務以外，永誠保險所涉及的主要保險產品和服務還有企業財產保險、家庭財產保險、工程保險、責任保險、船舶保險、貨物運輸保險、意外傷害保險以及車輛保險。在上述保險業務中，公司以電力能源保險作為公司發展的核心支柱產業，以車險作為重要支柱產業，以健康保險作為未來新興支柱產業，搭建專業化的保險營運服務平臺作為現階段的保險運作商業模式。

5.1.2 掛牌保險代理公司

保險代理公司是指依據《中華人民共和國公司法》《中華人民共和國保險法》《保險專業代理機構監管規定》設立的專門從事保險代理業務的有限責任公司和股份有限公司。它屬於專業保險代理人。中國法律對保險代理公司的設立採取審批制，即

自然人或法人設立保險代理機構必須經過中國保監會的批准，取得經營保險代理業務的經營許可證，並辦理工商登記手續，領取營業執照後，方可從事保險代理業務活動。相較於保險公司，保險代理機構的成立門檻較低，因此，新三板市場的保險類掛牌企業幾乎以保險代理公司為主。一般中國批准的保險代理公司可經營代理銷售保險產品、代理收取保險費、代理相關保險業務的損失勘查和理賠以及中國保監會批准的其他業務，這也是新三板掛牌的保險代理公司的經營現狀。區別在於其代理的行業領域有所不同，比如有涉及全行業的綜合性保險代理公司，也有僅涉及汽車保險代理的專業性保險代理公司。

5.1.2.1　典型掛牌公司簡介

在8家掛牌保險代理公司中，有4家是涉及某一專業領域的保險代理公司，比如盛世大聯、鼎宏保險、華成保險涉及的是汽車保險代理以及其他汽車相關仲介服務，龍琨保險是涉及提供物流行業和製造業保險解決方案的仲介機構；其餘4家均為經營包括財險、壽險、車險、信用保證保險等各類保險代理銷售及其相關服務的保險代理商，大部分也以車險代理業務居多。其中規模較大的保險代理公司為盛世大聯，而規模偏小的為龍琨保險，但兩家都屬於專業領域保險代理公司中較為典型的代理商。

（1）盛世大聯

盛世大聯保險代理股份有限公司是一家專注於汽車后市場服務，以保險產品代理銷售為主營業務的專業保險代理公司。公司依託呼叫中心、互聯網和移動互聯網平臺代銷車險產品，並在保監會監管許可下開展代理收取保費業務和車險業務的現場損失勘察和理賠業務。公司為車主提供車管家服務，主要通過與機構客戶打包簽約的方式為機動車車主提供汽車保養、美容、救援等綜合服務。公司具備保險代理、融資租賃經營資質，

擁有實現以上三種業務的可獨立營運的業務流程、機構及人員。

公司最主要的業務為汽車保險代理銷售與車管家，其中，公司保險代理銷售的商業模式為以電話呼叫中心銷售、互聯網銷售、移動互聯網為主要行銷平臺和手段，配合傳統渠道及線下服務網點新渠道向車主推薦手段，線上線下相結合，向機動車車主推薦公司服務及代理保險產品。而車管家業務的商業模式為，在瞭解機構客戶需求的基礎上，利用公司現有汽車服務能力及市場開拓能力，結合先進的互聯網技術優勢，為銀行等機構客戶提供滿足需求的車管家服務。服務內容包括：汽車全程代辦服務（代辦年檢驗車、代辦違章處理、代辦補換機動車號牌、代辦補換機動車行駛證），現場救援服務，汽車清洗、美容、檢測服務，酒后代駕服務，機場專車接送服務等諸多服務項目。

公司辦理業務方式上的創新點在於依託互聯網平臺和移動端等線上程序配合線下業務活動，提高了公司移動客戶端用戶業務便捷度及體驗好感度。公司不斷加大對移動端用戶的推廣，使該模式下的業務收入取得爆發性的增長。

（2）龍琨保險

上海龍琨保險代理股份有限公司成立於 2006 年，總部位於上海，是一家保險業界領先的互聯網保險專業仲介機構，也是保險業內第一家新三板掛牌的物流保險仲介企業。公司專注於為現代供應鏈體系中的生產與物流兩大核心產業提供專業的保險與風險管理服務，綜合業務範圍涵蓋了石油化工、有色金屬、鋼鐵、製造業、金融、糧油食品、物流等各大領域。公司以創新思維，通過風險分析，設計並提供全方位的行業解決方案。

公司的業務創新點在於公司針對物流行業專門設置了獨立的業務部和理賠部，為供應鏈上下遊的所有客戶提供相應的保險產品服務以及一體化解決方案，並提供全程的理賠服務，為

客戶選擇適合的物流保險產品的同時，協助保險業控制風險。公司根據客戶的運作模式和所面臨的風險，量身定制適合的承保方案，通過運輸貨物險、財產一切險、物流責任險、公眾責任險、人身意外險、意外醫療險、雇主責任險、交強險、商業第三者責任險、車輛損失險及其附加險等綜合保障方案，覆蓋了整個物流環節中的運輸風險、倉儲風險、裝卸風險、經營場所風險、從業員工風險、運輸工具風險等。公司為對客戶提供全時服務，7×24 小時回應出單需求，並且隨時接受投保客戶的理賠諮詢，指導客戶妥善應對和解決突發的保險事故。

該公司的關鍵資源要素為其自主研發的核心系統（代號：SOAR）整合了承保與理賠信息管理、資料管理、檔案管理、時間管理以及協同辦公等眾多功能模塊，是公司整個團隊相互協作為客戶提供全程承保和理賠服務的重要保障。龍琨核心系統的軟件使用權目前已經在申請軟件著作權。公司為加強商標、域名等知識產權保護體系的建設，正將「龍琨」和「龍琨保險」申請為商標。公司同時持有物流保險、物流安全等相關域名 70 餘個，同時為公司互聯網+的推進打好基礎。

5.1.2.2 掛牌保險代理公司特點

掛牌保險代理公司存在的顯著特點是其大部分企業的代理業務均是以汽車保險代理為主的，並且部分保險代理公司的控股方是較為大型的汽車服務提供商，因此能利用其集團自身的優質客戶資源進行車險代理以及相關勘察、評估等業務。由於現代汽車行業的發展，私有汽車規模的擴大，以及用車人士的增加及其對汽車服務需求的增加，大部分以汽車保險代理為主的公司除了經營保險代理類業務以外，同時也利用移動 APP 和互聯網平臺大力發展汽車維護、檢修等代理業務，形成以代辦車險為主、以汽車保養維護等日常用車業務為輔的業務體系。

5.1.3 掛牌保險公估機構

保險公估機構即保險公估人，是指依照法律規定設立，受保險公司、投保人或被保險人委託辦理保險標的查勘、鑒定、估損以及賠款的理算，並向委託人收取酬金的公司。公估人的主要職能是按照委託人的委託要求，對保險標的進行檢驗、鑒定和理算，並出具保險公估報告。其地位超然，不代表任何一方的利益，使保險賠付趨於公平、合理，有利於調停保險當事人之間關於保險理賠方面的矛盾。保險公估的出現與保險市場的發展密不可分，是保險市場發展的必然產物。保險公司理賠事務的日益增加和複雜化要求其具備專業性，為專門從事保險公估工作的保險公估人的形成和發展奠定了基礎。在新三板掛牌的雖然只有2家保險公估機構，但其成長速度和質量從一定程度上也代表著保險業的發展與完善。

（1）民太安

民太安保險公估集團股份有限公司的前身是深圳民太安保險公估有限公司。它是1994年1月由中國人民銀行深圳經濟特區分行批准設立、誕生於深圳的國內第一家專業保險公估機構，2012年5月經中國保監會批准成立的中國第一家保險仲介集團。民太安公司至今已成為以風險管理服務為核心，融保險公估、風險管理、保險經紀、司法鑒定、汽車服務、健康管理、信息技術服務於一體，具有保險與風險管理完整服務價值鏈的保險仲介集團企業。集團旗下擁有民太安財產保險公估股份有限公司、前海民太安保險經紀有限公司、風險管理研究院、民太安信息技術有限公司、民太安健康管理有限公司、民太安汽車服務有限公司、江西民信和成司法鑒定中心等7家專業子公司，服務網路遍及全國31個省區市，有近3,000名各類專業的管理和技術人才團隊，初步形成以風險管理為核心、以保險服務為

基礎、上下遊貫通、產業鏈相互支撐、服務網路完善、服務產品多元的金融仲介服務體系。

在2016年發布的中國最新保險公估公司排名中，民太安位居第一位。從其主營業務分析，集團主要從事保險標的承保前的檢驗、估價及風險評估，對保險標的出險後的查勘、檢驗、估損理算及出險保險標的殘值處理，風險管理諮詢等業務。公司形成以保險公估業務為主體，其他相關業務綜合發展的業務體系。此外，公司還配合自身基於互聯網信息化手段搭建的「賠伴網」平臺，建立了一張覆蓋全國的服務網路，通過自有公估師和授權公估人的服務，為保險公司提供風險評估與管理及車險、財產險、水險、醫健險等各種公估服務。同時，公司積極參與社會化風險評估、城市安全風險評估，充分發揮保險仲介機構在服務社會民生中的作用，也得到社會的廣泛認可。公司在「8‧12」天津爆炸事故等重大災害事故中公平、公正、專業的服務表現，為保險公估行業在企事業單位、政府、民眾等客戶群中也逐步樹立起了良好的品牌形象。

（2）中衡股份

相較於民太安保險公估集團，中衡保險公估股份有限公司雖然也主要從事保險標的出險后的查勘、檢驗和估損理算等保險仲介服務，但從規模和品牌名聲上都相對較小，屬於中小型保險仲介機構。該公司在保險公估業務的運作模式上與其他相對大型的保險公估人無特定差異。但在業務創新上，公司順應互聯網發展潮流，結合公司業務，設立專門的電子商務部，主要通過網站、微博、微信等新型電子商務平臺進行對外企劃宣傳，並逐步將傳統客戶群體信息從「線下」轉入「線上」平臺，再從客戶實際需求出發，將「線上」的客戶需求引入「線下」進行服務，從而解決資源信息不對稱的問題，實現市場需求與服務能力的信息互通。

中衡代理與保險公司簽訂保險代理合同后，根據代理的險種約定佣金比例，代理銷售保險產品，獲得代理佣金收入。中衡股份、中平評估、中衡鑒定在提供保險公估、價格評估、司法鑒定等專業服務的同時，對中小企業客戶及自然人的客戶的需求進行挖掘與溝通，促成保險代理業務的成交，實現交叉銷售。中衡代理也通過自身機構拓展業務，挖掘潛在客戶及其潛在需求，向客戶銷售保險公司的保險產品。中衡鑒定主要依託於關聯公司的客戶資源共享優勢、專業技術團隊優勢和服務質量優勢，拓展法醫臨床類司法鑒定類、交通事故痕跡司法鑒定類和保險理賠司法鑒定類的涉訴業務，從而獲得收入和利潤。同時，中衡諮詢自 2015 年度開始試營運，在公司業務架構規劃中，中衡諮詢將作為諮詢服務平臺，從事保險仲介相關的諮詢服務，接受相關消費者的諮詢，宣傳「中衡股份」的整體品牌形象，拓展銷售渠道。由此可以看出，小型保險公估公司主要依託互聯網平臺、關聯公司客戶資源以及自身建立的公關機構拓展及發展業務。

5.1.4 掛牌保理機構

保理又稱托收保付，是指賣方將其現在或將來的基於其與買方訂立的貨物銷售服務合同所產生的應收帳款轉讓給保理商，由保理商向其提供資金融通、買方資信評估、銷售帳戶管理、信用風險擔保、帳款催收等一系列服務的綜合金融服務方式。它是商業貿易中以托收、賒帳方式結算貨款時，賣方為了強化應收帳款管理、增強流動性而採用的一種委託第三者（保理商）管理應收帳款的做法。保理機構則是指提供上述保理服務的金融機構。在中國，保理業務並不僅僅是專門性保理機構的獨有業務，也分銀行保理和商業保理。銀行保理更側重於融資，商業保理機構則更注重提供調查、管理、結算、融資、擔保等一系列綜合服務，更

專注於某個行業或領域，提供更有針對性的服務。

在新三板掛牌的保理機構僅有成也保理一家，全稱「上海成也商業保理股份有限公司」。公司基於中小企業融資難的現狀，基於團隊對實體企業經營的經驗，結合大數據分析、金融增信等方式，向優質企業提供應收帳款商業保理服務。公司成立初期著力於團隊所瞭解的橡膠、紡織、油墨等產業鏈的商業保理業務，已經形成了穩定的客戶群。目前，公司通過不斷挖掘零售、信息技術、精密製造業和持續對接銀行渠道開拓商業保理市場。在拓展潛在客戶的過程中，公司按照業務定位和優選行業標準，有選擇地對有融資需求的供應商進行實地拜訪，綜合實際情況向其提供商業保理服務。此外，成也保理還通過與銀行保理業務形成互補，鎖定小、快、頻應收帳款，向優質供應商提供商業保理服務。

5.2 保險類掛牌金融機構成長性指標對比分析

按照本書第2章第3節中的金融機構成長性評價指標體系，本部分主要從企業規模、盈利能力、成長潛力以及安全性四方面對保險類掛牌金融機構的成長性指標進行對比分析。

5.2.1 掛牌保險類機構的規模對比

新三板市場13家掛牌保險類機構的資產總額、員工數以及營業總收入如表5-1所示。其中，三項指標均最高的是永誠保險，它也是在新三板掛牌的唯一一家商業保險公司。由於公司屬性與其他12家保險代理企業不同，因此在企業規模上也有明顯的差距。若剔除永誠保險，其餘機構均為保險代理或保險公估類企業，規模相對小了很多。其中，資產總額和營業收入相對突出的為盛

世大聯和民太安，前者為保險代理商，后者為保險公估人，保險公估人的營業收入的穩定程度要高於保險代理商。在所有掛牌保險代理商中，資產規模最小的是萬舜股份，僅有1,505萬元資產總額。但從員工數和營業收入角度看，規模最小的為保理公司，即成也保理，它也是在新三板掛牌的唯一一家做保理業務的企業，其營業收入規模大致為400萬元，員工數僅為11人。

表5-1　　　　掛牌保險類機構規模指標一覽

交易代碼	證券簡稱	資產總額（萬元）	員工總數（人）	營業總收入（萬元）
831566	盛世大聯	27,047.42	341	24,038.66
832138	中衡股份	8,571.04	473	7,242.08
832512	萬舜股份	1,505.80	81	4,415.17
833546	盛世華誠	1,759.21	149	3,616.92
833984	民太安	22,841.10	2,543	38,996.52
834001	鼎宏保險	9,132.09	180	12,741.77
834223	永誠保險	1,011,007.45	5,694	649,271.95
834343	華凱保險	7,375.95	237	9,427.01
834668	同昌保險	6,011.37	184	12,026.30
834775	華成保險	6,946.17	66	2,224.80
834783	成也保理	5,280.72	11	432.49
835641	眾信易誠	8,026.87	51	914.05
835661	龍琨保險	1,568.64	36	1,104.48
最大值		1,011,007.45	5,694	649,271.95
最小值		1,505.80	11	432.49
中值		7,375.95	180	7,242.08
平均值		85,928.76	773	58,957.86
標準差		267,149.68	1,559.70	170,734.24

5.2.2 掛牌保險類機構的盈利能力對比

新三板市場 13 家掛牌保險類機構在盈利能力的總體水平上，其平均值均低於銀行類和證券期貨類機構，但盈利水平的差異性小於證券期貨類機構，略大於銀行類機構。如表 5-2 所示，規模最大的永誠保險的淨資產收益率、總資產收益率、營業利潤率和成本費用利潤率四項盈利能力指標均最差。淨資產收益率和總資產收益率最高的機構為保險公估公司——中衡股份，分別達到 42% 和 20%；而營業利潤率和成本費用利潤率最高的機構為成也保理，即同類掛牌機構中規模最小的企業。其餘的保險代理商的營業收益率狀況差異較大，最小有 1% 以下的，最高為 25% 左右，大部分維持在 7% 左右。因此，在新三板掛牌的保險類機構中，盈利水平與規模的相關性不高，而與主營業務性質的相關性更高，比如近幾年興起的專業保險公估業務和保理業務的盈利性比起傳統的商業保險業務或保險代理業務要高。

表 5-2　掛牌保險類機構盈利能力指標一覽

交易代碼	證券簡稱	三年年均淨資產收益率（%）	三年年均總資產收益率（%）	三年年均營業利潤率（%）	三年年均成本費用利潤率（%）
831566	盛世大聯	14.82	6.85	8.73	9.76
832138	中衡股份	42.06	20.36	25.28	34.28
832512	萬舜股份	10.00	5.74	0.77	0.89
833546	盛世華誠	5.48	4.26	1.43	1.46
833984	民太安	11.57	6.54	4.34	4.56
834001	鼎宏保險	15.15	8.47	8.69	10.21
834223	永誠保險	0.10	-0.18	0.36	0.53

表5-2(續)

交易代碼	證券簡稱	三年年均淨資產收益率(%)	三年年均總資產收益率(%)	三年年均營業利潤率(%)	三年年均成本費用利潤率(%)
834343	華凱保險	0.59	0.51	0.74	0.78
834668	同昌保險	9.26	7.40	5.04	5.32
834775	華成保險	18.38	5.76	14.01	17.06
834783	成也保理	1.83	1.55	33.44	50.91
835641	眾信易誠	1.47	0.90	8.36	9.30
835661	龍琨保險	5.32	4.23	7.78	8.63
最大值		42.06	20.36	33.44	50.91
最小值		0.10	-0.18	0.36	0.53
中值		9.26	5.74	7.78	8.63
平均值		10.46	5.57	9.15	11.82
標準差		10.80	5.06	9.59	14.29

5.2.3 掛牌保險類機構的成長潛力對比

如表5-3所示，新三板掛牌保險類機構在體現成長性的五類指標上的差異性水平與掛牌銀行類機構類似，其差異明顯低於掛牌證券期貨類機構。原因在於大部分掛牌保險類機構均為保險代理公司，其商業模式趨同，就如同銀行業中，大部分掛牌銀行類機構為小額貸款公司，也擁有幾乎同樣的商業模式。其中，增長性最差的為同昌保險，其淨利潤、總資產、每股收益的年均增長率均為負值。在營業收入方面，增長情況最好的為成也保理，最差的為盛世華誠，行業平均能達到72%左右的年均增長。淨利潤擴張方面，增長最快的為華凱保險，年均淨利潤增長率為809%，而最差的同昌保險為-36%，這也說明商業模式相差不大的保險代

理公司，在淨利潤擴展方面具備較大的差距。

表 5-3　　　掛牌保險類機構成長潛力指標一覽

交易代碼	證券簡稱	營業收入兩年年均增長率（%）	淨利潤兩年年均增長率（%）	總資產兩年年均增長率（%）	每股收益兩年年均增長率（%）	兩年年均資本累積率（%）
831566	盛世大聯	65.86	185.63	81.95	172.55	76.92
832138	中衡股份	52.26	62.35	71.96	13.53	77.98
832512	萬舜股份	110.92	48.81	13.04	-14.36	8.27
833546	盛世華誠	2.59	181.89	15.16	144.95	11.48
833984	民太安	18.41	79.59	49.16	14.02	65.48
834001	鼎宏保險	92.01	38.02	12.42	-38.21	18.54
834223	永誠保險	18.19	233	15.08	210	9.03
834343	華凱保險	161.54	809.8	17.88	0	18.12
834668	同昌保險	7.5	-36.02	-6.03	-38.76	3.72
834775	華成保險	88.06	175.78	206.83	87.86	57.6
834783	成也保理	213.66	267.67	2.43	73.21	2.29
835641	眾信易誠	29.13	143.01	28.49	0	28.73
835661	龍琨保險	76.03	100.36	22.65	83.33	8.26
最大值		213.66	809.80	206.83	210.00	77.98
最小值		2.59	-36.02	-6.03	-38.76	2.29
中值		65.86	143.01	17.88	14.02	18.12
平均值		72.01	176.15	40.85	54.47	29.72
標準差		60.31	200.51	53.97	78.39	27.71

5.2.4　掛牌保險類機構的安全性對比

如表 5-4 所示，掛牌保險類機構中，僅永誠保險一家商業保險機構的資產負債率較高，為 72%，大致與證券期貨公司的

資產負債結構類似，其余掛牌機構的資產負債率都明顯低於銀證期行業，大部分維持在 10%～30%，整體平均值為 24.37%。負債占比最少的企業為成也保理，資產負債率為 0.57%，幾乎不存在負債經營的情形，但其營業利潤率水平以及利潤增長情況卻是同行業中較好的。因此在保險代理、保險公估、保理機構中，資產負債結構均相對安全，不存在較高的負債經營情況，並且較大的安全性並不影響其盈利性的提高。

表 5-4　　掛牌保險類機構資產負債率一覽

交易代碼	證券簡稱	三年年均資產負債率（%）
831566	盛世大聯	38.48
832138	中衡股份	37.98
832512	萬舜股份	13.50
833546	盛世華誠	12.00
833984	民太安	22.07
834001	鼎宏保險	30.67
834223	永誠保險	72.49
834343	華凱保險	10.05
834668	同昌保險	18.20
834775	華成保險	48.26
834783	成也保理	0.57
835641	眾信易誠	1.86
835661	龍琨保險	10.73
最大值		72.49
最小值		0.57
中值		18.20
平均值		24.37
標準差		19.78

5.3 基於因子分析的成長性評分

本部分結合在新三板掛牌的 13 家保險類機構近 3 年（2013—2015 年）的業績水平和業績變化，以及本書第 2 章所構建的新三板掛牌金融機構成長性指標體系，基於因子分析模型，對在新三板掛牌的所有保險類機構的成長性進行實證研究。

5.3.1 因子分析及其得分函數構建

（1）掛牌保險類機構成長性評價指標的選擇

本部分在第 2 章中對新三板掛牌金融機構成長性指標體系的構建基礎上，考慮系統性、科學性、導向性以及指標之間的相關性等原則，從指標體系中挑選 10 個符合保險類機構成長性特徵的指標用作因子分析。指標名稱及編號如表 5-5 所示。

表 5-5　掛牌證券期貨類機構成長性評級指標的選擇

指標編號	指標名稱
X1	資產總額（萬元）
X2	員工總數（人）
X3	營業總收入（萬元）
X4	三年年均總資產收益率（%）
X5	三年年均營業利潤率（%）
X6	三年年均成本費用利潤率（%）
X7	營業收入兩年年均增長率（%）
X8	淨利潤兩年年均增長率（%）
X9	總資產兩年年均增長率（%）
X10	兩年年均資本累積率（%）

（2）對樣本原始數據的統計檢驗

如表5-6中的KMO和巴特利特球度檢驗結果所示，KMO抽樣測試值為0.510，意味著變量間的相關性一般，原有變量勉強適合做因子分析；然而，巴特利特球度檢驗的顯著性水平為0.000，說明其對應的相伴概率值小於顯著性水平0.05，因此拒絕巴特利特球度檢驗的零假設，認為相關係數矩陣不可能是單位陣，即原始變量之間存在相關性，樣本可以進行因子分析。

表5-6　　　　　　　　KMO和巴特利特球度檢驗

Kaiser-Meyer-Olkin Measure of Sampling Adequacy.		.510
Bartlett's Test of Sphericity	Approx. Chi-Square	155.865
	df	45
	Sig.	.000

（3）主因子的提取

本部分按特徵值大於1的標準，採用因子分析中的主成分法來提取主因子。從因子碎石圖中可以看出（見圖5-1），因子1、因子2、因子3、因子4之間的斜率較大，與其餘因子相比，這四個因子的特徵值差值相對較大，而其餘因子構成的折線斜率相對較小，特徵值差值也較小，故可以忽略。所以，本部分選取四個因子來代表原有變量。同時從表5-7因子分析的總方差解釋中可以明確地得出主因子的特徵值及其貢獻率，前四個因子的特徵值均大於1，且累積貢獻率已達到了78.847%，即這四個因子反應了原指標78.847%的信息，說明它們可以基本反應新三板掛牌保險類機構的成長性。

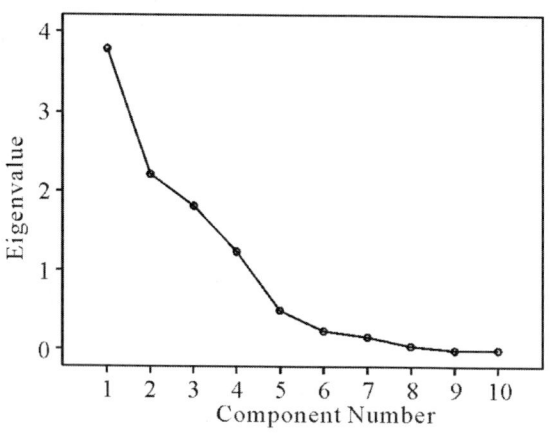

圖 5-1　因子碎石圖

表 5-7　　　　　　　因子分析的總方差解釋

Component	Initial Eigenvalues			Extraction Sums of Squared Loadings		
	Total	% of Variance	Cumulative %	Total	% of Variance	Cumulative %
1	3.786	37.859	37.859	3.786	37.859	37.859
2	2.209	22.091	59.950	2.209	22.091	59.950
3	1.811	18.105	78.056	1.811	18.105	78.056
4	1.245	12.449	90.505	1.245	12.449	90.505
5	.497	4.974	95.478			
6	.240	2.404	97.883			
7	.162	1.622	99.505			
8	.048	.480	99.985			
9	.001	.014	99.999			
10	9.361E-5	.001	100.000			

（4）對主因子的命名和解釋

本部分的分析採用方差最大旋轉法對因子載荷矩陣實行正交旋轉，它使每個因子具有最高載荷的變量數最小，從而可以簡化對因子的解釋，使得對主因子（公共因子）有更具實際意

義的理解。旋轉后因子負載值如表 5-8 所示。

表 5-8　　　　　旋轉后的因子載荷矩陣

	Component			
	1	2	3	4
X1	.978	-.100	-.106	.059
X2	.955	-.167	.018	-.031
X3	.981	-.115	-.100	.049
X4	-.237	.273	.431	-.665
X5	-.147	.963	.147	-.088
X6	-.116	.980	.082	-.041
X7	-.273	.595	-.144	.656
X8	.033	-.040	.051	.917
X9	-.056	.067	.890	.065
X10	-.058	.073	.913	-.222

　　設 F 為提取出的公共因子，則四個主因子可分別表示為 F1、F2、F3、F4。第一個主因子 F1 在 X1、X2、X3 上的系數分別為 0.978、0.955、0.981，大於其他變量的系數，說明 F1 涵蓋了資產總額、員工總數、營業總收入，因此該因子可以概括為企業規模現狀的因子。第二個主因子 F2 在 X5 和 X6 上的系數較大，分別為 0.963、0.980，大於其他變量的系數，說明 F2 涵蓋了三年年均營業利潤率和成本費用利潤率，因此該因子可以概括為企業主營業務及成本費用盈利性的因子。第三個主因子 F3 在 X9、X10 上的系數較大，分別為 0.890、0.913，大於其他變量的系數，說明 F3 涵蓋了總資產增長率和資本累積率，因此該因子可概括為企業總資產與淨資產成長性的因子。第四個主因子 F4 僅在 X8 上的系數較大，為 0.917，說明 F4 表示淨利潤兩年年均增長率，因此可概括為企業淨利潤成長性的因子。

（5）因子得分函數的構建

採用迴歸法估計因子得分系數，輸出的因子得分系數矩陣如表5-9所示。根據因子得分系數可構建以下各因子的得分函數：

$F1 = 0.349X1 + 0.339X2 + 0.349X3 - 0.026X4 + 0.076X5 + 0.087X6 - 0.041X7 - 0.002X8 + 0.027X9 + 0.032X10$

$F2 = 0.085X1 + 0.042X2 + 0.077X3 + 0.09X4 + 0.436X5 + 0.452X6 + 0.238X7 - 0.057X8 - 0.055X9 - 0.042X10$

$F3 = -0.01X1 + 0.063X2 + 0.002X3 + 0.113X4 - 0.016X5 - 0.048X6 - 0.039X7 + 0.192X8 + 0.54X9 + 0.504X10$

$F4 = 0.01X1 - 0.022X2 + 0.005X3 - 0.341X4 - 0.066X5 - 0.049X6 + 0.355X7 + 0.57X8 + 0.189X9 + 0.018X10$

其中，X1，X2，X3，…，X10的取值為各指標值標準化後的數據，再以各因子所對應的貢獻率（如表5-7所示）作為權重進行加權求和，即可得到綜合評價得分F。其計算公式為：

$F = 0.378,59F1 + 0.220,91F2 + 0.181,05F3 + 0.124,49F4$

表5-9　　　　　　　　因子得分系數矩陣

	Component			
	1	2	3	4
X1	.349	.085	-.001	.010
X2	.339	.042	.063	-.022
X3	.349	.077	.002	.005
X4	-.026	.090	.113	-.341
X5	.076	.436	-.016	-.066
X6	.087	.452	-.048	-.049
X7	-.041	.238	-.039	.355
X8	-.002	-.057	.192	.570
X9	.027	-.055	.540	.189
X10	.032	-.042	.504	.018

5.3.2 新三板掛牌保險類機構的因子得分和綜合評分

通過 SPSS 軟件對上述構建的因子得分函數的計算，可得到每家掛牌保險類機構的四個主因子的分值，並且按照綜合評分函數，用 Excel 計算得出各機構成長性的綜合分值以及排名。其因子得分與綜合評分排名情況如表 5-10 所示。

表 5-10 掛牌保險類機構的因子得分和綜合評分情況

交易代碼	證券簡稱	F1	F2	F3	F4	綜合得分	綜合排名
834223	永誠保險	3.242,7	-0.322,7	-0.401,9	0.202,0	1.108,8	1
834783	成也保理	-0.082,7	2.698,7	-1.134,2	0.881,0	0.469,2	2
834775	華成保險	-0.192,3	0.166,3	2.024,4	0.609,7	0.406,4	3
832138	中衡股份	0.001,8	1.442,2	1.257,1	-1.425,3	0.369,4	4
831566	盛世大聯	-0.179,0	-0.238,4	1.251,0	0.088,0	0.117,0	5
833984	民太安	0.246,2	-0.633,1	0.770,7	-0.550,1	0.024,4	6
834343	華凱保險	-0.499,9	-0.643,4	0.022,2	2.575,5	-0.006,8	7
835641	眾信易誠	-0.338,9	-0.398,9	-0.258,6	-0.054,8	-0.270,0	8
834001	鼎宏保險	-0.375,6	0.079,1	-0.563,7	-0.542,5	-0.294,3	9
835661	龍琨保險	-0.429,9	-0.165,3	-0.667,7	-0.147,5	-0.338,5	10
832512	萬舜股份	-0.547,0	-0.522,5	-0.758,9	-0.149,6	-0.478,6	11
833546	盛世華誠	-0.444,9	-0.953,5	-0.524,0	-0.301,3	-0.511,5	12
834668	同昌保險	-0.400,6	-0.508,6	-1.016,5	-1.185,0	-0.595,6	13

5.4 保險類掛牌金融機構成長性綜合評價

從因子分析法得到的綜合評價函數中可以看出，在對新三板保險類掛牌金融機構進行成長性評價時，影響其成長性的最重要的四個因素為企業規模、主營業務及成本費用盈利性、總資產與淨資產的成長性以及淨利潤的成長性。其中，企業規模對保險類機構以及銀行、證券期貨類機構的成長性影響較為相

似，貢獻率均較大；其次是主營業務和成本費用盈利性因素，對保險類機構成長性的貢獻率為22%；而總資產、淨資產的成長性以及淨利潤的成長性的貢獻率分別為18%和12%。因此，對於在新三板掛牌的保險類機構來說，大部分為保險代理銷售機構，其業務的盈利性和行銷規模直接掛勾，所以要注重規模的擴張，同時也要注意成本費用的控制，才能使企業擁有較好的成長性。

從表5-10的成長性綜合得分來看，2013—2015年，新三板市場中已掛牌的13家保險類機構中，同樣也是一半為正分值，一半為負分值。正分數評價中，永誠保險位居成長性第一位，並且可以看出其較高的評分主要是由高出行業3倍以上的企業規模效應貢獻的。原因在於永誠保險為同類掛牌企業中唯一一家綜合性商業保險公司，而其他大部分企業均為中小規模的保險代理公司。而成長性位居第二的為同類掛牌企業中唯一的保理公司，即成也保理。促使其成長性位居前列的因素在於其主營業務和成本費用的盈利性。同時，獨立專業的保理業務屬於中國近年來較為新興的領域，這也給成也保理的發展帶來較大的競爭能力。而成長性較低的機構大多為中小型保險代理商，由於其主營業務缺乏創新性，主要靠行銷資源發展，因此競爭較大，卻很難有較為突出的競爭力存在。

6 其他類掛牌金融機構的成長性

6.1 其他類掛牌金融機構概況

按照全國中小企業股份轉讓系統的分類標準，截至2016年2月，在新三板掛牌的歸屬銀行業、證券期貨業、保險業以外的其他類金融機構一共有15家，按其主營業務歸類大致可分為金融服務外包企業、綜合性投資管理機構、管理諮詢策劃機構以及貨幣兌換公司。其中綜合性投資管理機構有6家，其次是管理諮詢策劃機構，共計4家，還有3家金融服務外包企業和2家貨幣兌換公司。

6.1.1 掛牌綜合性投資管理機構

投資管理公司是一種新型的投資控股公司，其主旨是為其他公司提供戰略策劃以及資金引進等一些限制其公司發展的不利因素，從而實現公司的復興，體現了競爭合作求雙贏的合作原則。投資管理公司類似於一種媒介，其在運行中起著中間介質的作用，為其他一切在管理上或者是資金上有困難的公司提供策略與方針並為其引入投資與合作夥伴，使其實現企業的復興。其主要盈利方式是獲取策略上的回報或者是在公司裡參股

以獲得必要回報。在新三板市場的掛牌金融機構中，符合「投資管理機構」這一界定的機構有6家。鑒於部分公司的業務不僅涉及直接投資控股和戰略策劃等業務，也涉及和私募股權基金公司相類似的創業投資、風險投資、資產管理等業務領域，因此本書將這類機構歸入「綜合性投資管理機構」的分類。

6.1.1.1 典型掛牌公司簡介

在6家掛牌公司中，按資產總額和營業收入總和判斷，規模最大的為新安金融，最小的為昌潤創投。但按商業模式其大致可分為兩類，一類是以直接投資業務為主、以資產管理業務為輔的公司，以明石創新為代表；一類是投資設立各類金融機構建立多元化金融集團的公司，以新安金融為代表。

（1）明石創新

明石創新投資集團股份有限公司成立於1999年，註冊資本為37.7億元。公司堅持直接投資與資產管理雙線發展戰略，現已成為國內有重要影響力的產業投資集團。

在直接投資領域，明石創新以自有資金戰略性參股或控股產業鏈中的核心企業，進行實業投資和併購投資，獲得被投資企業的股權，對被投資企業進行適當的管理，幫助被投資企業成長和壯大。公司通過預判，選擇未來10~20年有極大發展潛力的行業提前展開投資佈局，通常會戰略性參股或控股行業價值鏈中的核心企業，通過行業內與行業間的資源整合，促使其鞏固行業地位，充分享受產業高速發展所帶來的紅利。而公司對於即將進入衰退期的行業，則提前通過戰略出售處置所持股權。公司如此不斷優化持股結構，實現資本的持續升值。目前，公司已在先進製造業、生態農業、國防軍工、節能環保等領域開展了投資佈局，未來還將繼續在大消費產業、戰略性新興產業加大投資力度。基於公司對產業資本運作的深刻理解和未來規劃，直接投資將成為公司未來著力發展的重要業務。公司將

通過資本市場的資源整合功能，充分發揮自身投資管理優勢，通過尋找傳統產業技術升級改造、產品結構深化調整和新興市場溢價挖掘的契機，使直接投資業務成為重要的業務增長點。

在資產管理領域。明石創新通過提供各種金融產品，吸引投資人資金並代為投資，通過專業的投資管理行為實現受託資金的保值增值。目前，公司的資產管理業務主要集中在私募股權投資領域。明石創新旗下設立的明石投資管理有限公司現已躋身私募股權投資領域。明石投資是通過國家發改委資格審查備案的22家創業投資管理機構之一，是中國投資協會創業投資專業委員會副會長單位，是中國證券投資基金業協會特別會員單位。未來明石創新還將拓展私募證券投資領域，實現一二級市場聯動，為投資人提供更完備的投資組合。

（2）新安金融

安徽新安金融集團股份有限公司於2011年7月22日成立於安徽蕪湖，註冊資本19億元。集團至今已發展成為集股權債權多業態於一身、投融資服務多元化於一體，具備一定影響力的綜合性的類金融企業，是安徽省目前規模最大的混合所有制金融企業集團之一。按照市場經濟運行的規律與現代化企業的治理要求，新安金融集團一方面嚴格實行所有權、經營權、監督權「三權分立」，建立「三會一層」的經營模式，使權力有效制衡，確保集團各項工作健康、穩健、規範運行；另一方面，搭建了一支以職業經理人為基礎的經營團隊，組建了一支由金融專業人才、註冊會計師、註冊評估師、註冊稅務師、註冊審計師、律師、投資經理等組成的高素質專業團隊，已形成良性發展的識人用人軌道。

新安金融集團在成立伊始，便搭建了小貸、資產管理等傳統業務平臺。隨著金融與互聯網業的蓬勃發展，集團在穩固傳統業務的同時，與時俱進、大膽創新，近年來，先後開闢了融

資擔保、基金管理、融資租賃、財富管理等業務。與此同時，集團積極與資本市場進行對接，在資產證券化、定向增發、二級市場投資、新興產業投資等創新業務上也取得了顯著的成效。目前，公司共成功設立七家全資或控股子公司，業務品種涵蓋股權投資、資產管理、基金管理、融資租賃、融資擔保、小額貸款、財富管理等，已成為一家綜合性金融服務供應商。其中，財富管理領域經營範圍為投資諮詢，企業管理諮詢，商務諮詢（以上諮詢均除經紀），投資管理，資產管理，接受金融機構委託從事金融信息技術外包，接受金融機構委託從事金融業務流程外包，接受金融機構委託從事金融知識流程外包。資產管理領域主營涉及：投資管理，企業管理；資產收購、處置；投資諮詢，財務諮詢，企業管理諮詢，商務諮詢；股權投資；企業資產的重組、併購等。新安旗下基金公司主要經營範圍為實業投資、地產投資、投資項目管理、投資諮詢（證券、期貨投資諮詢除外）、企業管理諮詢、項目投資、資產管理等。而融資租賃、小額貸款、融資擔保等子公司均按相關批准涉及租賃、貸款、擔保方面的全方位業務。

6.1.1.2 掛牌綜合性投資管理機構的特點

在新三板掛牌的投資管理機構有明顯的大型集團與中小型投資管理機構的分別。大型投資管理機構的商業模式一般是以直接投資控股為主，並且其控股的企業領域也呈多樣化趨勢。一種是如同明石創新一樣，在非金融各領域進行多元化投資的企業；另一種是如同新安金融一樣，在金融領域進行多元化投資，建立覆蓋所有金融細分行業的金融類子公司（這種公司通過子公司進行投融資運作）。而中小型投資管理機構的資金實力無法與大型金融集團相比，因此無法同時投向多種行業領域，而是集中資金對某一專業領域進行投資運作。比如美世創投就是專注於新三板投融資的綜合金融服務商，其營運方式和明石

創新的直投模式一樣，只是重點服務於擬在新三板掛牌的處於種子期、初創期、成長期及成熟期的潛力企業。還比如鼎潤投資，這類中小型企業的商業模式採用的是如同新安金融的模式，即投資控股成立金融類子公司。只是由於資金規模限制，鼎潤投資的投資成立的子公司的方向主要集中在金融典當行業，無法像新安金融一樣覆蓋各類金融細分行業。

6.1.2 掛牌管理諮詢策劃機構

管理諮詢，是具有豐富的管理知識和經驗，並且掌握了諮詢技法的人所從事的高智能的服務事業。管理諮詢策劃機構在企業提出要求的基礎上深入企業，並且和企業管理人員密切結合，應用科學的方法，找出企業存在的主要問題，進行定量和確有論據的定性分析，查出存在問題的原因，提出切實可行的改善方案，進而指導實施方案，使企業的運行機制得到改善，提高企業的管理水平和經濟效益。這類公司屬於商業性公司，接收委託者的意向和要求，運用專門的知識和經驗，用腦力勞動提供具體服務。金融行業的管理諮詢策劃機構主要是為各類企業金融投資、資本運作方面的事務提供諮詢和解決方案。

在新三板掛牌的管理諮詢策劃機構共有4家。其主營業務各有特色，但基本可以分為兩類，一類是類似於企業孵化器的管理諮詢模式，如蘇河匯的管理諮詢模式；另一類是以減少金融機構、產品或某些私募投資領域信息不對稱的管理諮詢模式，如好買財富、基玉金服和投中信息的管理諮詢模式。以下對這四家機構的經營模式和發展情況進行概述。

(1) 蘇河匯

上海蘇河匯投資管理股份有限公司是中國眾創空間、天使投資第一股，旗下品牌蘇河匯，是國內首屈一指的眾創空間和天使投資機構。蘇河匯總部位於上海，目前業務已拓展至北京、

成都、蘇州、杭州、海寧、衢州等 7 個城市的 13 個實體孵化基地，在全國的累計孵化面積超過 2 萬平方米。三年時間裡，蘇河匯共培養出 200 多家優秀企業，其中大多數已獲得蘇河匯和其合作夥伴累計 2 億多元的投資。迄今為止，蘇河匯旗下發展了蘇學堂、蘇河投、Family Night 等多元化業務版塊，分別為不同階段的創業者提供定制化服務。

作為投資型孵化器公司，公司主營業務是天使投資以及為處於種子期的創業企業提供創業孵化服務，即通過種子輪投資和天使輪投資換取其股權，同時為創業企業提供辦公場地和創業培訓，收取一定的創業諮詢服務費。除此之外，蘇河匯還將為入駐企業提供財務法律諮詢、人事招聘、政策扶持、媒體推廣、后續資本對接等一系列創業服務。

（2）好買財富

好買財富管理股份有限公司的主營業務為通過線上（互聯網、手機 APP 終端）尋求客戶，通過線下向客戶銷售私募基金、資管產品等金融產品。此外，公司還通過全資子公司好買基金代銷公募基金產品，以及通過全資子公司新方程發行和管理 FOF 基金及其他基金產品。

公司目前所處第三方互聯網財富管理行業為國內目前的新興行業，主要通過線上平臺和線下銷售結合的方式為客戶提供一站式理財服務。公司目前銷售的產品主要為公募基金和私募基金，其中公募基金均為代銷其他公募基金管理公司發行的公募基金產品，私募基金產品包括公司全資子公司新方程發行的 FOF 母基金產品以及其他私募基金管理公司發行的私募基金產品。公司產品線豐富，覆蓋七大類產品線，包括現金管理類、債券類、類固定收益類、對沖策略類、股票類、股權基金類以及其他類別。同時，公司還為不同風險偏好的客戶提供全方位的產品配置方案。其主要收入來源為收取與基金銷售及管理相

關的認購費、申購費、基金管理費分成和業績收益分成等費用，扣除相關的成本費用后實現利潤，並且上述費用按照基金銷量或者存量的一定比例收取，皆與基金管理人進行結算，不直接向個人客戶收取費用。

(3) 基玉金服

上海基玉金融信息服務股份有限公司成立於2011年，屬於金融機構仲介平臺，致力於促進金融機構間產品交易，減少金融機構間信息不對稱，提高金融市場效率。公司立足於為機構客戶提供專業化的一站式服務，與大量銀行、券商、財務公司等各大金融機構建立了良好的合作關係。公司根據產品需求方的需要提供大類資產配置的建議，推薦主要包括期限較短、風險較低的固定收益、類固定收益類金融產品，以此提高機構的資產配置效率，延伸產品發行機構的服務範圍，提升金融產品銷售的服務質量。

公司目前的銷售模式是基於各大金融機構的資產配置和風險偏好等因素，向其推介符合需求的金融產品。目前公司代銷的金融產品主要為風險較低的浮動收益類及固定收益類產品。公司銷售人員向銷售對象推介各類金融產品，待購買意向確定后，辦理相應的開戶和交易手續。在售后方面，公司為銷售對象提供帳戶信息查詢、跟蹤處理交易、相關研究報告等服務，通過多層次服務體系，維護良好的客戶關係，從而提升客戶滿意度和忠誠度。

(4) 投中信息

上海投中信息諮詢股份有限公司的業務始於2005年，公司正式成立於2008年，是中國領先的股權投資市場專業服務機構。作為私募股權行業的觀察者，投中信息致力於解決股權投資行業存在的信息不對稱問題，為中國股權投資行業提供完整的信息資源與專業化的金融服務。

公司通過全面的產品體系（包括 CVsource 投中數據終端、投中交易平臺、投中研究院、投中會議、投中金融學院、投資中國網），傳遞及時、準確的股權交易數據與情報，為國內股權投資市場的參與方提供專業的股權投資行業研究與業務實踐諮詢服務，並為機構出資人提供全面的投資諮詢顧問業務，有效進行資產配置，幫助投資機構進行深度品牌管理與行銷傳播工作。

6.1.3 掛牌金融服務外包企業

金融外包是指金融企業持續地利用外包服務商（可以是集團內的附屬實體或集團以外的實體）來完成以前由自身承擔的業務活動。外包可以是將某項業務（或業務的一部分）從金融企業轉交給服務商操作，或由服務商進一步轉移給另一服務商（即「轉包」）。在新三板掛牌的 3 家金融服務外包企業在規模上都較為相似，按主營業務商業模式，主要有金融領域的業務流程外包、信息技術外包、知識流程外包以及提供與外包服務相關的諮詢服務。而從提供外包服務的對象來看，上述 3 家外包企業的服務對象均有集中於銀行業機構的趨勢。

（1）財安金融

上海財安金融服務股份有限公司主要提供 BPO（業務流程外包）、ITO（信息技術外包）、KPO（知識流程外包）等各種專業金融及諮詢服務業務。公司依託自身完善的人才甄選、培訓管理機制，結合先進的信息化管理等設施為銀行、證券、保險和事業單位等提供系統一體化解決方案。公司 BPO 業務分別由三大事業部負責，金融文員及物流事業部主要提供金融文員外派服務以及金融物流服務，智慧大堂事業部提供大堂經理業務服務，金融呼叫中心部提供金融風險控制服務以及金融呼叫中心業務。公司的 ITO 事業部主要負責信息技術以及軟件開發

業務；KPO業務目前占比較少，主要包括培訓以及諮詢服務。

公司通過已有的金融服務外包綜合管理平臺、手持GPS終端業務協同系統、個人金融風險管理雲計算系統以及財安金融服務知識共享服務平臺，傾力打造基於雲協同辦公的金融業務流程外包體系。其最終目標是成為銀行風險管理助手、銀行成本控制專家以及銀行不良風險資產處置的合作夥伴，致力於幫助銀行減少投入、降低風險、給客戶更多關注，力求建立金融級的保密管理和專業化的服務體系，為客戶提供項目訂單化委託、整體一站式服務。

（2）金投金融

四川金投金融電子服務有限公司是國內領先的第三方自助銀行建設及營運服務提供商。公司成立於2007年，註冊資金為1億元，專業從事城市第三方現金集中營運服務、ATM託管營運服務、自助銀行的整體建設營運服務及融資租賃服務，能夠為處於快速擴張期的股份制銀行和中小型銀行的網點、自助銀行和ATM網路建設提供一站式建設及金融服務外包整體解決方案。

公司在國內40多個城市建設了營運服務交付中心，能為銀行客戶提供現金集中整點清分、ATM清機加鈔服務，提供自助銀行建設規劃、選址、設備投放（融資租賃）及整體建設（安防、消防、裝修）的交鑰匙工程服務，並提供現鈔墊付、清機、清分、檢測、押運、巡檢、保潔、技術維護一條鏈式全外包服務。公司開發了夜間金庫、貴金屬儲物櫃、動態密碼鎖、現金款箱出入庫系統等軟硬件管理平臺。四川金投的第三方現金處理及ATM營運服務已覆蓋包括中國銀行、中國工商銀行、中國農業銀行、中國郵政儲蓄銀行、交通銀行、浦發銀行、廣發銀行、民生銀行在內的多個股份制銀行及眾多城市商業銀行。公司目前託管的ATM數量超過5,000臺，日處理現金量超過50億

元，與十多家銀行合作或租賃建設自助銀行、自助銀亭和社區小型金融便利店。

(3) 江川金融

江川金融服務股份有限公司主要經營小微貸款仲介服務業務，即公司接受個人、小微企業等借款客戶委託，通過與銀行、小貸公司簽訂合作協議，為借款客戶向合作機構提供貸款仲介信息技術服務。具體服務內容包括小微貸款的諮詢、貸款調查、貸款評審、信用結構設計、擔保（物）辦理、貸款流程辦理及貸後管理等貸款仲介服務。

6.1.4 掛牌貨幣兌換公司

貨幣兌換公司顧名思義，即專門從事貨幣兌換業務的公司。隨著國際交流、出境旅遊、對外貿易的不斷發展，外匯的需求不斷增長，僅僅從銀行換取外匯已經不能滿足居民方便性或數量上的要求，適應此種需求的專門從事貨幣兌換業務的貨幣兌換公司便應運而生。中國各地已有大量的貨幣兌換公司在近幾年迅速成立起來，但在新三板上市的以貨幣兌換為主營的公司僅有 2 家，即信匯金融和宇鑫貨幣。

(1) 信匯金融

珠海橫琴新區信匯金融服務股份有限公司主營業務為個人本外幣兌換、銀行卡收單業務、POS 終端布放與維護服務。公司是珠海市首批三家獲得國家外匯管理總局批覆開展個人本外幣兌換特許業務資格的機構之一，現有 7 個網點，分佈在拱北口岸、灣仔口岸以及長隆國家海洋度假區。

信匯金融依靠在珠海主要口岸開設的營業網點，為廣大出入境旅客提供 14 種外幣與本幣的雙向兌換服務，通過買入價與賣出價的價差取得收入。同時，公司旗下有廣東信匯和信匯支付兩家子公司。廣東信匯通過銀行卡收單系統實現特約商戶

POS終端與中國銀聯清算系統的對接，達到特約商戶與其客戶進行資金結算的目的；信匯支付主要客戶為商業銀行，它們通過與銀行卡收單銀行整合各自服務領域的資源優勢，就POS終端布放與維護服務開展合作，信匯支付負責開展收單外包服務工作（POS終端布放與維護）並收取收單外包服務費用。

（2）宇鑫貨幣

宇鑫（廈門）貨幣兌換股份有限公司成立於2011年3月，註冊資本5,590萬元，是全國本外幣兌換行業首家掛牌上市公司。宇鑫貨幣是全國首家擁有網上兌換本外幣資質及在全國範圍內經營個人本外幣兌換特許業務、外幣電子旅行支票代售及兌回業務資質的特許機構。公司現與中國建設銀行、中國工商銀行、中信銀行等銀行及深圳市騰邦國際商業服務股份有限公司、廈門建發國際旅行社集團有限公司、廈門康輝國際旅行社有限公司、廈門春輝國際旅行社有限公司等渠道商合作開展貨幣兌換服務。

公司的主營業務為個人本外幣兌換特許業務，主要為個人客戶提供新臺幣、港幣、美元、歐元、韓元、泰銖等十三種外幣兌換服務，可在特許機構及備付金銀行間開展同業平盤業務，擁有自主定價權。公司最主要的資源要素體現在業務資質、資本規模和經營管理等方面。現公司已經獲得全國範圍經營個人本外幣兌換特許業務、網上個人本外幣兌換特許業務和代售及兌回外幣電子旅行支票業務資格。公司個人本外幣兌換特許業務主要為出入境旅遊者、留學生、遊學生、商務探親者、境外工作者等群體提供本幣與外幣雙向兌換服務。外幣電子旅行支票主要為出入境旅遊者、出國留學者、商務探親者、境外工作者等群體提供網上購物支付、境外提鈔、境外消費的雙向兌換服務。現階段公司主要是代售其他發行機構發行的電子旅行支票。

6.2 其他類掛牌金融機構成長性指標對比分析

按照本書第 2 章第 3 節中的金融機構成長性評價指標體系，本部分主要從企業規模、盈利能力、成長潛力以及安全性四方面對其他類掛牌金融機構的成長性指標進行對比分析。

6.2.1 其他類掛牌金融機構的規模對比

由於其他類掛牌金融機構不屬於銀行、證券、保險、期貨四大金融細分行業中的任意一個，其業務差異性較大，部分為較大型的綜合性金融集團，另一部分為中小微型且只具備投資諮詢業務資格的企業，因此其規模差異性是所有新三板掛牌金融機構分類中最大的。如表 6-1 所示，擁有幾十億元以上資產規模的企業均為綜合性投資管理機構，這類機構無論是主營業務還是旗下的控股子公司均具備股權投資、貸款運作等金融資本運作資格，並且資金實力雄厚，比如資產總額最大的明石創新以及營業收入規模最大的新安金融。而資產規模最小的掛牌機構出現在投資諮詢行業，員工人數和營業收入最少的機構同樣也是綜合性投資管理機構。

表 6-1　其他類掛牌金融機構規模指標一覽

交易代碼	證券簡稱	資產總額（萬元）	員工總數（人）	營業總收入（萬元）
430656	財安金融	19,825.06	4,424	28,787.08
832924	明石創新	567,446.23	269	3,131.44
833780	昌潤創投	14,560.79	8	28.33
833838	美世創投	39,738.10	21	727.74

表6-1(續)

交易代碼	證券簡稱	資產總額（萬元）	員工總數（人）	營業總收入（萬元）
834023	金投金融	24,911.61	1,751	11,576.59
834096	江川金融	16,818.51	105	2,055.55
834172	信匯金融	9,509.58	92	2,183.62
834254	鼎潤投資	25,336.73	55	3,677.00
834397	新安金融	416,648.35	52	73,498.37
834401	蘇河匯	4,017.94	50	697.25
834418	好買財富	90,194.07	564	40,808.99
834510	宇鑫貨幣	6,927.50	45	20,430.00
834771	基玉金服	11,053.23	37	11,326.18
835312	上瑞控股	148,334.04	39	5,159.35
835562	投中信息	4,448.39	109	2,666.08
最大值		567,446.23	4,424	73,498.37
最小值		4,017.94	8	28.33
中值		19,825.06	55	3,677.00
平均值		93,318.01	508	13,783.57
標準差		163,121.91	1,131.41	19,652.01

6.2.2 其他類掛牌金融機構的盈利能力對比

同樣，由於其主營業務和盈利模式差異性較大，其盈利水平也存在較大的差距。如表6-2所示，淨資產和總資產收益率方面，最高的為基玉金服，它是一家規模相對中小型的管理諮詢策劃機構，主要對固定收益投資領域提供諮詢及代銷服務，

業績相對穩定，其營業利潤率和成本費用利潤率也在行業中保持相對適中的水平；淨資產和總資產收益率最低的機構為宇鑫貨幣，即貨幣兌換公司，其兩項指標均為負值，分別為-15.71%和-14.33%，而同類的另一家掛牌貨幣兌換公司的這兩項指標也為負值，說明在新三板掛牌的貨幣兌換公司的資產收益率情況相對較低。營業利潤率和成本費用利潤率最高的掛牌機構分別是明石創新和美世創投，它們均為綜合性投資管理機構，其主營業務都涉及對一些新興行業的股權投資或創業投資，業務總體利潤水平較高；而營業利潤率最低的為蘇河匯，即管理諮詢策劃公司，它也是掛牌金融機構中唯一一家做創業孵化服務的企業，其服務在行業中具備一定創新性，但利潤水平卻不是很理想。

表6-2　其他類掛牌金融機構盈利能力指標一覽

交易代碼	證券簡稱	三年年均淨資產收益率（%）	三年年均總資產收益率（%）	三年年均營業利潤率（%）	三年年均成本費用利潤率（%）
430656	財安金融	15.18	11.52	5.18	5.42
832924	明石創新	8.90	3.87	1,360.64	588.88
833780	昌潤創投	0.92	0.98	-151.33	106.10
833838	美世創投	5.45	3.18	232.52	762.91
834023	金投金融	-0.78	-0.42	-0.03	0.01
834096	江川金融	9.90	6.99	60.46	47.37
834172	信匯金融	-1.34	-1.11	-6.24	3.23
834254	鼎潤投資	3.46	1.60	46.69	77.69
834397	新安金融	15.17	9.10	65.91	178.04
834401	蘇河匯	16.88	7.08	-302.40	-29.63

表6-2(續)

交易代碼	證券簡稱	三年年均淨資產收益率(%)	三年年均總資產收益率(%)	三年年均營業利潤率(%)	三年年均成本費用利潤率(%)
834418	好買財富	-1.24	-1.39	-4.54	-2.75
834510	宇鑫貨幣	-15.71	-14.33	-2.58	-2.47
834771	基玉金服	47.57	26.49	42.52	74.98
835312	上瑞控股	9.21	2.60	82.94	-48.92
835562	投中信息	32.18	6.71	0.06	0.62
最大值		47.57	26.49	1,360.64	762.91
最小值		-15.71	-14.33	-302.40	-48.92
中值		8.90	3.18	5.18	5.42
平均值		9.72	4.19	95.32	117.43
標準差		14.57	8.33	356.13	228.35

6.2.3 其他類掛牌金融機構的成長潛力對比

在成長潛力方面，規模較大且資本運作能力較強的金融機構具備明顯的優勢，同樣，規模雖然較小但商業模式創新度較高的企業也同樣具備較高的增長性。如表6-3所示，近兩年營業收入增長情況最好的企業為蘇河匯，儘管其營業利潤率和成本費用利潤率不理想，但其營業收入的增長率達到981%，大幅超過了規模較大的綜合性投資管理機構。淨利潤和總資產增長率最高的還是明石創新這類大型綜合性投資管理機構，但同樣為大型綜合性投資管理機構的新安金融在這兩類指標上的表現均為負增長，這也說明在該類金融機構中，大規模、高利潤率與高增長並不成正比。

表 6-3　其他類掛牌金融機構成長潛力指標一覽

交易代碼	證券簡稱	營業收入兩年年均增長率（%）	淨利潤兩年年均增長率（%）	總資產兩年年均增長率（%）	每股收益兩年年均增長率（%）	兩年年均資本累積率（%）
430656	財安金融	12.74	51.82	25.24	49.44	29.66
832924	明石創新	152.28	1,672.18	618.06	35.40	802.70
833780	昌潤創投	-65.89	-284.00	22.56	-190.00	22.55
833838	美世創投	0.72	-9.93	9.28	-24.41	11.02
834023	金投金融	57.98	-318.00	41.75	-250.00	69.42
834096	江川金融	-8.08	87.36	-1.37	92.72	21.17
834172	信匯金融	181.80	729.00	130.49	465.00	123.74
834254	鼎潤投資	129.45	22.76	42.82	-13.40	50.57
834397	新安金融	-17.80	-15.10	-19.69	-5.41	-19.14
834401	蘇河匯	981.00	205.90	281.64	0.00	454.83
834418	好買財富	174.34	532.16	235.00	483.10	129.31
834510	宇鑫貨幣	75.27	34.24	136.11	106.70	142.50
834771	基玉金服	269.53	380.22	203.35	136.20	180.54
835312	上瑞控股	47.36	172.99	70.79	154.95	70.95
835562	投中信息	15.43	-4.77	109.76	16.70	308.04
最大值		981.00	1,672.18	618.06	483.10	802.70
最小值		-65.89	-318.00	-19.69	-250.00	-19.14
中值		57.98	51.82	70.79	35.40	70.95
平均值		133.74	217.12	127.05	70.47	159.86
標準差		243.10	470.09	157.81	189.92	210.15

6.2.4　其他類掛牌金融機構的安全性對比

在資產安全性方面，其他類掛牌金融機構的資產負債率在

總體水平上明顯低於銀行、證券期貨、保險行業，因為其主營業務幾乎不存在較大的負債經營性質。如表 6-4 所示，該類別 15 家掛牌企業的平均資產負債率為 26.77%，最大值未超過 60%，最小值為 0.15%，同時也是所有新三板掛牌金融機構中的最小值。在資產負債率明顯低於 20% 的金融機構中，其盈利性也出現分化，有低資產負債率伴隨低盈利能力的，比如宇鑫貨幣，也有低資產負債率伴隨高盈利能力的，如基玉金服。這也說明資產負債率在該分類中，僅能說明資產的安全性，卻不能解釋風險收益的水平。

表 6-4　其他類掛牌金融機構資產負債率一覽

交易代碼	證券簡稱	三年年均資產負債率（%）
430656	財安金融	16.82
832924	明石創新	15.89
833780	昌潤創投	0.15
833838	美世創投	7.69
834023	金投金融	45.80
834096	江川金融	27.36
834172	信匯金融	18.03
834254	鼎潤投資	10.03
834397	新安金融	39.40
834401	蘇河匯	37.98
834418	好買財富	34.51
834510	宇鑫貨幣	12.29
834771	基玉金服	19.80
835312	上瑞控股	58.07

表6-4(續)

交易代碼	證券簡稱	三年年均資產負債率（%）
835562	投中信息	57.72
最大值		58.07
最小值		0.15
中值		19.80
平均值		26.77

6.3 基於因子分析的成長性評分

本部分結合在新三板掛牌的15家其他類金融機構近3年（2013—2015年）的業績水平和業績變化，以及本書第2章所構建的新三板掛牌金融機構成長性指標體系，基於因子分析模型，對在新三板掛牌的除銀行、證券期貨、保險行業以外的所有其他類金融機構成長性進行實證研究。

6.3.1 因子分析及其得分函數構建

（1）其他類掛牌金融機構成長性評價指標的選擇

本部分在第2章中對新三板掛牌金融機構成長性指標體系的構建基礎上，考慮系統性、科學性、導向性以及指標之間的相關性等原則，從指標體系中挑選10個符合其他類掛牌金融機構成長性特徵的指標用作因子分析。指標名稱及編號如表6-5所示。

表 6-5　其他類掛牌金融機構成長性評級指標的選擇

指標編號	指標名稱
X1	資產總額（萬元）
X2	營業總收入（萬元）
X3	三年年均總資產收益率（%）
X4	三年年均營業利潤率（%）
X5	三年年均成本費用利潤率（%）
X6	營業收入兩年年均增長率（%）
X7	淨利潤兩年年均增長率（%）
X8	總資產兩年年均增長率（%）
X9	每股收益兩年年均增長率（%）
X10	兩年年均資本累積率（%）

（2）對樣本原始數據的統計檢驗

如表 6-6 中的 KMO 和巴特利特球度檢驗結果所示，KMO 抽樣測試值為 0.537，意味著變量間的相關性一般，原有變量勉強適合做因子分析；然而，巴特利特球度檢驗的顯著性水平為 0.000，說明其對應的相伴概率值小於顯著性水平 0.05，因此拒絕巴特利特球度檢驗的零假設，認為相關係數矩陣不可能是單位陣，即原始變量之間存在相關性，樣本可以進行因子分析。

表 6-6　　　　KMO 和巴特利特球度檢驗

Kaiser–Meyer–Olkin Measure of Sampling Adequacy.		.537
Bartlett's Test of Sphericity	Approx. Chi-Square	117.957
	df	45
	Sig.	.000

（3）主因子的提取

本部分按特徵值大於 1 的標準，採用因子分析中的主成分法來提取主因子。從因子碎石圖中可以看出（見圖 6-1），因子 1、因子 2、因子 3、因子 4 之間的斜率較大，與其餘因子相比，這四個因子的特徵值差值相對較大，而其余因子構成的折線斜率相對較小，特徵值差值也較小，故可以忽略。所以，本部分選取四個因子來代表原有變量。同時從表 6-7 因子分析的總方差解釋中可以明確地得出主因子的特徵值及其貢獻率，前四個因子的特徵值均大於 1，且累積貢獻率已達到 85.845%，即這四個因子反應了原指標 85.845% 的信息，說明它們可以基本反應新三板其他類掛牌金融機構的成長性。

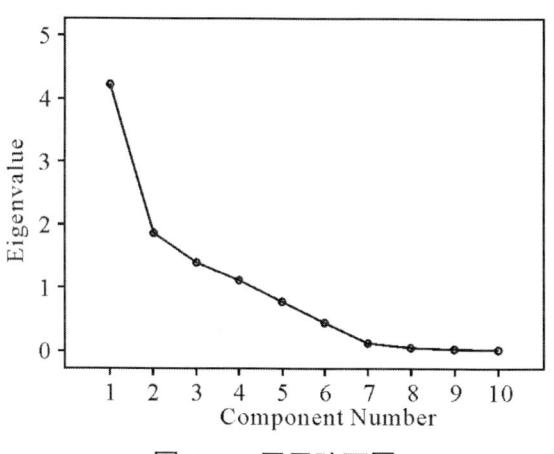

圖 6-1　因子碎石圖

表 6-7　　　　　　因子分析的總方差解釋

Component	Initial Eigenvalues			Extraction Sums of Squared Loadings		
	Total	% of Variance	Cumulative %	Total	% of Variance	Cumulative %
1	4.220	42.204	42.204	4.220	42.204	42.204
2	1.852	18.521	60.725	1.852	18.521	60.725

表6-7(續)

Component	Initial Eigenvalues			Extraction Sums of Squared Loadings		
	Total	% of Variance	Cumulative %	Total	% of Variance	Cumulative %
3	1.402	14.022	74.746	1.402	14.022	74.746
4	1.110	11.098	85.845	1.110	11.098	85.845
5	.773	7.734	93.578			
6	.442	4.420	97.998			
7	.120	1.199	99.197			
8	.045	.451	99.649			
9	.023	.234	99.883			
10	.012	.117	100.000			

（4）對主因子的命名和解釋

本部分的分析採用方差最大旋轉法對因子載荷矩陣實行正交旋轉，它使每個因子具有最高載荷的變量數最小，從而可以簡化對因子的解釋，使得對主因子（公共因子）有更具實際意義的理解。旋轉后因子負載值如表6-8所示。

表6-8　　　旋轉后的因子載荷矩陣

	Component			
	1	2	3	4
X1	.504	.642	.451	.107
X2	-.168	.024	.896	.137
X3	.041	-.008	.127	.872
X4	.637	.737	.060	-.088
X5	.219	.799	-.111	.015
X6	.503	-.549	-.301	.393
X7	.932	.200	.162	-.101
X8	.960	.133	-.089	.043
X9	.427	-.496	.476	-.389
X10	.893	.178	-.255	.142

設 F 為提取出的公共因子，則四個主因子可分別表示為 F1、F2、F3、F4。第一個主因子 F1 在 X7、X8、X10 上的系數分別為 0.932、0.960、0.893，大於其他變量的系數，說明 F1 涵蓋了淨利潤兩年年均增長率、總資產兩年年均增長率以及兩年年均資本累積率，因此該因子可以概括為企業淨利潤、資產與淨資產的成長性因子。第二個主因子 F2 在 X4 和 X5 上的系數較大，分別為 0.737、0.799，大於其他變量的系數，說明 F2 涵蓋了三年年均營業利潤率和成本費用利潤率，因此該因子可以概括為企業主營業務及成本費用盈利性的因子。第三個主因子 F3 在 X2 上的系數較大，為 0.896，說明 F3 涵蓋了企業營業收入總額，因此該因子可概括為企業營業規模現狀的因子。第四個主因子 F4 僅在 X3 上的系數較大，為 0.872，說明 F4 表示三年年均總資產收益率，因此該因子可概括為企業總資產盈利性的因子。

(5) 因子得分函數的構建

採用迴歸法估計因子得分系數，輸出的因子得分系數矩陣如表 6-9 所示。根據因子得分系數可構建以下各因子的得分函數：

$$F1 = 0.073X1 - 0.043X2 - 0.011X3 + 0.1X4 - 0.039X5 + 0.204X6 + 0.259X7 + 0.267X8 + 0.211X9 + 0.236X10$$

$$F2 = 0.235X1 - 0.019X2 - 0.009X3 + 0.288X4 + 0.384X5 - 0.321X6 - 0.029X7 - 0.05X8 - 0.339X9 - 0.008X10$$

$$F3 = 0.29X1 + 0.627X2 + 0.134X3 + 0.003X4 - 0.121X5 - 0.149X6 + 0.111X7 - 0.052X8 + 0.349X9 - 0.167X10$$

$$F4 = 0.109X1 + 0.172X2 + 0.778X3 - 0.088X4 + 0.008X5 + 0.313X6 - 0.108X7 + 0.006X8 - 0.338X9 + 0.087X10$$

其中，X1、X2、X3、⋯、X10 的取值為各指標值標準化后的數據，再以各因子所對應的貢獻率（如表 6-7 所示）作為權重進行加權求和，即可得到綜合評價得分 F。其計算公式為：

F = 0.422,04F1+0.185,21F2+0.140,22F3+0.110,98F4

表 6-9　　　　　　　因子得分系數矩陣

	Component			
	1	2	3	4
X1	.073	.235	.290	.109
X2	-.043	-.019	.627	.172
X3	-.011	-.009	.134	.778
X4	.100	.288	.003	-.088
X5	-.039	.384	-.121	.008
X6	.204	-.321	-.149	.313
X7	.259	-.029	.111	-.108
X8	.267	-.050	-.052	.006
X9	.211	-.339	.349	-.338
X10	.236	-.008	-.167	.087

6.3.2　其他類金融機構的因子得分和綜合評分

通過 SPSS 軟件對上述構建的因子得分函數的計算，可得到每家其他類掛牌金融機構的四個主因子的分值，並且按照綜合評分函數，用 Excel 計算得出各機構成長性的綜合分值以及排名。其因子得分與綜合評分排名情況如表 6-10 所示。

表 6-10　其他類掛牌金融機構的因子得分和綜合評分情況

交易代碼	證券簡稱	F1	F2	F3	F4	綜合評分	綜合排名
832924	明石創新	2.742,8	2.199,7	-0.141,5	-0.062,6	1.538,2	1
834397	新安金融	-0.774,2	0.854,6	2.528,2	1.081,6	0.306,1	2
834771	基玉金服	0.348,9	-0.566,7	0.183,3	1.981,0	0.287,8	3
834418	好買財富	0.729,2	-1.110,6	1.571,1	-0.995,5	0.211,9	4
834401	蘇河匯	1.081,6	-1.683,2	-1.346,1	1.485,4	0.120,8	5
834172	信匯金融	0.688,5	-1.136,4	0.288,8	-1.357,4	-0.030,0	6

表6-10(續)

交易代碼	證券簡稱	F1	F2	F3	F4	綜合評分	綜合排名
835312	上瑞控股	-0.123,2	-0.205,8	0.166,1	-0.464,5	-0.118,4	7
430656	財安金融	-0.595,1	-0.139,7	0.636,1	0.624,6	-0.118,5	8
835562	投中信息	-0.163,6	-0.123,5	-0.581,5	0.148,3	-0.157,0	9
833838	美世創投	-0.749,3	1.483,3	-0.829,2	-0.263,7	-0.187,0	10
834096	江川金融	-0.530,4	-0.044,5	-0.172,6	-0.136,8	-0.271,5	11
834254	鼎潤投資	-0.464,5	0.006,5	-0.528,4	-0.217,5	-0.293,1	12
834510	宇鑫貨幣	-0.143,7	-0.357,1	-0.102,3	-1.752,5	-0.335,6	13
834023	金投金融	-0.953,3	0.356,9	-0.746,9	0.076,2	-0.432,5	14
833780	昌潤創投	-1.093,8	0.466,5	-0.925,1	-0.146,5	-0.521,2	15

6.4 其他類掛牌金融機構成長性綜合評價

從因子分析法得到的綜合評價函數中可以看出，在對新三板其他類掛牌金融機構進行成長性評價時，由於該類別金融機構業務同質性不高，因此規模因素在對該類別金融機構的成長性分析中便不再發揮最主要作用，而對其影響最大的四個因素，由大到小分別為淨利潤與淨資產的成長性、主營業務與成本費用的盈利性、營業收入規模以及總資產盈利性因素。其中，在銀行、券商期貨和保險行業中具有最大貢獻率的規模因素，在其中的貢獻率只有14%，位居第三；而影響其他類金融機構成長性的最大因素便是淨利潤和淨資產的成長性，其貢獻率有42%。因此，在新三板掛牌的其他類金融機構在發展時，應更多地注重淨利潤和淨資產的擴張情況，其次便是主營業務的競爭力及成本控制，最后才是規模的擴張問題。

從表6-10的成長性綜合得分來看，2013—2015年，新三板市場中已掛牌的15家其他類金融機構中，僅三分之一的企業得

到正評分，它們分別是明石創新、新安金融、基玉金服、好買財富和蘇河匯。這五家成長性評分位居前五的企業又可分為兩類，一類是以明石創新和新安金融為代表的大型綜合性金融投資管理機構，它們之所以具備較好的成長性是因為其在主營業務的擴張上已具備較好的基礎和上下遊資源；另一類是以基玉金服、好買財富和蘇河匯為代表的管理諮詢策劃機構，它們的設立門檻是金融機構中較低的，其主要憑藉主營業務的創新性來獲取競爭力，從而在金融業中站穩腳跟並得以快速成長。相比之下，成長性較弱的主要是規模較小、客戶資源缺乏的小規模投資管理機構以及貨幣兌換公司，這類企業由於主營業務單一，行銷渠道不廣泛，又容易受市場風險的影響，因此成長性非常不穩定。

參考文獻

［1］林安霽，林洲鈺.「新三板」市場的發展模式與對策研究［J］. 經濟體制改革，2012（5）.

［2］張璟，史明. 中國多層次資本市場建設的思考——關於新三板市場的發展探討［J］. 2011（10）.

［3］方先明，吳越洋. 中小企業在新三板市場融資效率研究［J］. 經濟管理，2015（10）.

［4］閆慶友，陶杰.「新三板」掛牌企業績效評價研究［J］. 財會月刊，2014（4）.

［5］振華，古小剛. 關於新三板市場掛牌發行的研究［J］. 改革與開放，2012（1）.

［6］周茂清，尹中立.「新三板」市場的形成、功能及其發展趨勢［J］. 當代經濟管理，2011（2）.

［7］蔣才良. 基於突變級數理論下的企業成長性評價研究［J］. 當代經濟，2013（12）.

［8］周霞，宋清. 科技型企業成長性實證研究——基於財務的視角［J］. 財會通訊，2014（8）.

［9］李娟. 企業成長性評價方法的研究綜述［J］. 河北企業，2014（9）.

國家圖書館出版品預行編目(CIP)資料

中國新三板掛牌金融機構成長性研究 / 郭靜林 著. -- 第一版.
-- 臺北市：崧博出版：崧燁文化發行，2018.09
　面 ；　公分

ISBN 978-957-735-497-6(平裝)

1.中小企業 2.融資 3.中國

561.92　　　　107015378

書　名：中國新三板掛牌金融機構成長性研究
作　者：郭靜林 著
發行人：黃振庭
出版者：崧博出版事業有限公司
發行者：崧燁文化事業有限公司
E-mail：sonbookservice@gmail.com
粉絲頁　　　　　　網　址
地　址：台北市中正區重慶南路一段六十一號八樓 815 室
8F.-815, No.61, Sec. 1, Chongqing S. Rd., Zhongzheng Dist., Taipei City 100, Taiwan (R.O.C.)
電　話：(02)2370-3310　傳　真：(02) 2370-3210
總經銷：紅螞蟻圖書有限公司
地　址：台北市內湖區舊宗路二段 121 巷 19 號
電　話：02-2795-3656　傳真：02-2795-4100　網址：
印　刷：京峯彩色印刷有限公司（京峰數位）

本書版權為西南財經大學出版社所有授權崧博出版事業有限公司獨家發行電子書繁體字版。若有其他相關權利及授權需求請與本公司聯繫。

定價：350 元
發行日期：2018 年 9 月第一版

◎ 本書以POD印製發行